중학교 가서 우등생 될
초등 6학년을 위한 영단어

중학교 가서 우등생 될초등
6학년을 위한 영단어

2016년 2월 10일 초판 01쇄 발행
2023년 10월 10일 초판 23쇄 발행

지은이 Enjc 스터디
발행인 손건
편집기획 김상배, 홍미경
마케팅 이언영
디자인 김선옥
제작 최승용
인쇄 선경프린테크

발행처 LanCom 랭컴
주소 서울시 영등포구 영신로 34길 19
등록번호 제 312-2006-00060호전화
02) 2636-0895
팩스 02) 2636-0896
홈페이지 www.lancom.co.kr

ⓒ Enjc 스터디 2016
ISBN 979-11-87099-53-6 63740

중학교 가서 우등생 될

초등

6학년을 위한

Enjc 스터디 지음

영단어

LanCom
Language & Communication

구성 및 활용법

1
중학교에 들어가기 전에 1,340 단어는 알아두세요.

이 책은 중학교에 들어가기 전에 초등학생이 기본적으로 알아두어야 할 1,340 단어를 많은 선배들의 경험을 바탕으로 엄선하였답니다. 모든 단어에는 번호가 붙어 있어 자신이 암기한 단어가 몇 개째인지 확인하면서 학습할 수 있어 좋고요, 단어를 품사별로 분류하고 각 단어를 수준에 따라 3단계로 나누어 학습 효과를 높일 수 있답니다.

2
중심적인 뜻과 예문을 통해서 외워야 효과적이죠.

하나의 단어는 보통 두 가지 이상의 뜻을 가지고 있지만 중심적인 의미가 한 가지뿐인 경우가 많으므로 중심적인 뜻만 우선 암기하면 된답니다. 따라서 각 단어가 지닌 모든 뜻을 암기하는 데 시간을 낭비할 필요가 없습니다. 각 단어의 가장 핵심적인 뜻과 간결하면서도 활용도가 높은 예문을 선별하여 실어 놓았으므로 이 단어장에 있는 내용만 모두 익힌다면 기본이 탄탄한 어휘력으로 중학 영어에 대한 자신감을 심어줄 거예요.

단어 바르게 쓰고 뜻 익히기

스펠링과 발음, 뜻을 학습하고 구를 통해 단어의 쓰임을 확인합니다.
단어를 줄에 맞추어 여러번 쓰면서 소리내어 읽어 봅니다.
발음기호를 보고 음성파일을 들으면서 정확하게 읽을 수 있도록 합니다.

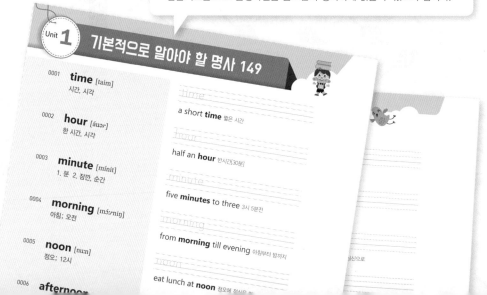

Unit 1 기본적으로 알아야 할 명사 149

0001 **time** [taim]
시간, 시각

time
a short **time** 짧은 시간

0002 **hour** [áuər]
한 시간, 시각

hour
half an **hour** 반시간[30분]

0003 **minute** [mínit]
1. 분 2. 잠깐, 순간

minute
five **minutes** to three 3시 5분전

0004 **morning** [mɔ́ːrniŋ]
아침; 오전

morning
from **morning** till evening 아침부터 밤까지

0005 **noon** [nuːn]
정오; 12시

noon
eat lunch at **noon** 정오에 점심을

0006 **afternoon**

3 짝을 이루는 묶음 단위로 단어를 외우면 기억에 훨씬 오래 남지요.

서로 관련된 몇 개의 단어가 모여서 이루어진 형태가 묶음 단위이죠. 좀더 전문적으로 말하자면 구(句: phrase)라고도 하지요. 단어의 묶음에는 가장 중요한 의미, 형태, 용법 등이 포함되어 있으므로 묶음 단위를 통한 학습은 단어를 가장 빠르고 확실하게 익히는 새로운 단어 암기 비법이에요. 이 책에서는 모든 표제어에 간결한 묶음(구)이 각 단어 옆에 표시되어 있으므로 오랫동안 단어를 기억할 수 있답니다.

4 원어민의 녹음을 듣고 정확한 발음을 익히세요.

원어민이 녹음한 단어와 예문, 그 뜻을 한국인 성우가 녹음하여 교재 없이도 들으면서 단어를 암기할 수 있도록 꾸몄답니다. 원어민의 녹음은 누구나 알아듣기 쉽도록 다소 차분한 속도와 또박또박하고 정확한 발음으로 녹음했으니 랭컴출판사 홈페이지(www.lancom. co.kr)에서 무료로 다운받아 반복해서 들으세요.

문장 속에 알맞은 단어 쓰기

단어를 학습하면서 바로 써봐도 되고, 음성파일을 들으면서 빈 칸 채우기를 하면 듣기 능력에도 도움이 됩니다. 시제와 단수·복수 등에 유의하여 단어를 써 봅니다.(빈 칸 채우기의 정답은 따로 표시하지 않았습니다. 출판사 홈페이지 자료실에서 따로 다운로드 받으실 수 있습니다.)

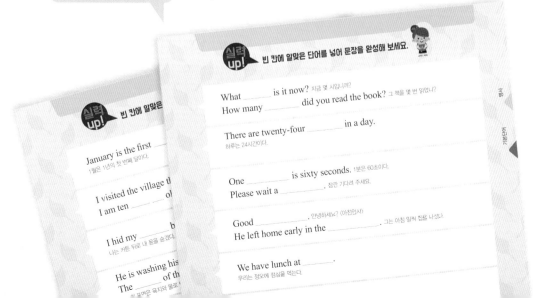

실력 up! 빈 칸에 알맞은 단어를 넣어 문장을 완성해 보세요.

What _____ is it now? 지금 몇 시입니까?
How many _____ did you read the book? 그 책을 몇 번 읽었니?

There are twenty-four _____ in a day.
하루는 24시간이다.

One _____ is sixty seconds. 1분은 60초이다.
Please wait a _____. 잠깐 기다려 주세요.

Good _____. 안녕하세요? (아침인사)
He left home early in the _____. 그는 아침 일찍 집을 나섰다.

We have lunch at _____.
우리는 정오에 점심을 먹는다.

실력 up! 빈 칸에 알맞은

January is the first _____
1월은 1년의 첫 번째 달이다.

I visited the village th_____
I am ten _____ of _____

I hid my _____ b_____
나는 커튼 뒤로 내 몸을 숨겼다.

He is washing his _____
The _____ of th_____

Part 3
예비 중학생이 꼭 알아야 할 동사 313

Part 4
예비 중학생이 꼭 알아야 할 기타 품사 179

Part 1

예비 중학생이
꼭 알아야 할
명사 585

0001 **time** [taim]
시간, 시각

time

a short **time** 짧은 시간

0002 **hour** [áuər]
한 시간, 시각

hour

half an **hour** 반시간[30분]

0003 **minute** [mínit]
1. 분 2. 잠깐, 순간

minute

five **minutes** to three 3시 5분전

0004 **morning** [mɔ́ːrniŋ]
아침; 오전

morning

from **morning** till evening 아침부터 밤까지

0005 **noon** [nuːn]
정오; 12시

noon

eat lunch at **noon** 정오에 점심을 먹는다

0006 **afternoon** [æ̀ftərnúːn]
오후

afternoon

on Monday **afternoon** 월요일 오후에

0007 **evening** [íːvniŋ]
저녁 (일몰부터 잘 때까지)

evening

early in the **evening** 저녁 일찍

0008 **night** [nait]
저녁, 밤 ⑪ day

night

late at **night** 밤늦게

0009 **day** [dei]
1. 날, 일, 하루 2. 낮

day

a **day**'s work 하루의 일

0010 **week** [wiːk]
주; 7일간

week

this **week** 이번 주

What _____ is it now?
지금 몇 시입니까?

There are twenty-four _____ in a day.
하루는 24시간이다.

One _____ is sixty seconds.
1분은 60초이다.

Good _____.
안녕하세요? 〈아침인사〉

We have lunch at _____.
우리는 정오에 점심을 먹는다.

School ends in the _____.
학교는 오후에 끝난다.

I will work in the _____.
나는 저녁에 일하겠다.

The moon shines at _____.
달은 밤에 빛난다.

I study English every _____.
나는 매일 영어를 공부한다.

There are seven days in a _____.
1주일은 7일이다.

0011 **month** [mʌnθ]
달, 월; 1개월

month

last **month** 지난 달

0012 **year** [jiəːr]
1. 년, 해 2. ~살; 나이

year

next **year** 다음 해

0013 **body** [bádi/bɔ́di]
몸, 육체 🔄 mind

body

in **body** and mind 심신으로

0014 **face** [feis]
1. 얼굴 2. 표면, 겉

face

a broad **face** 폭이 넓은 얼굴

0015 **eye** [ai]
눈

eye

before one's very **eyes** 바로 눈앞에서

0016 **hair** [hɛər]
털, 머리카락

hair

black **hair** 검은 머리

0017 **hand** [hænd]
손

hand

make by **hand** 손으로 만들다

0018 **arm** [ɑːrm]
팔

arm

make a long **arm** 팔을 쭉 뻗다

0019 **leg** [leg]
다리

leg

the **leg** of a table 책상 다리

0020 **foot** [fut]
발 〈복수〉 feet

foot

step on a **foot** 발을 밟다

January is the first _____ of the year.
1월은 1년의 첫 번째 달이다.

I visited the village three _____ ago.
나는 3년 전에 그 마을을 방문했다.

I hid my _____ behind the curtain.
나는 커튼 뒤로 내 몸을 숨겼다.

He is washing his _____.
그는 얼굴을 씻고 있다.

We see with our _____.
우리는 눈으로 본다.

He has golden _____.
그는 금발 머리이다.

We have two _____.
우리는 손이 둘 있다.

I hurt my _____.
나는 팔을 다쳤다.

The dog has four _____.
개는 네 개의 다리를 가지고 있다.

There are five toes on each _____.
각각의 발에는 다섯 개의 발가락이 있다.

0021 **head** [hed]
머리

head

from **head** to foot 머리끝에서 발끝까지

0022 **mouth** [mauθ]
입

mouth

a pretty **mouth** 예쁜입

0023 **nose** [nouz]
코

nose

a long **nose** 긴 코

0024 **ear** [íər]
귀

ear

pick one's **ears** 귀를 쑤시다

0025 **child** [tʃaild]
어린이, 아이

child

a little **child** 어린 아이

0026 **girl** [gə:rl]
소녀, 여자 아이

girl

a **girls'** school 여학교

0027 **boy** [bɔi]
소년, 남자 아이

boy

a **boy** student 남학생

0028 **woman** [wúmən]
여자, 여성

woman

a nice **woman** 멋진 여자

0029 **man** [mæn]
남자; 사람

man

a **man's** heart 사나이 마음

0030 **lady** [léidi]
부인; 숙녀

lady

the first **lady** 대통령 부인[영부인]

He wears a hat on his _____.

그는 머리에 모자를 쓰고 있다.

Open your _____ wide.

입을 크게 벌려라.

We smell with our _____.

우리는 코로 냄새를 맡는다.

We hear with our _____.

우리는 귀로 듣는다.

That _____ is crying.

저 아이는 울고 있다.

The _____ is my sister.

그 소녀는 내 여동생이다.

He is still a _____.

그는 아직 소년이다.

Do you know the _____?

그 여자를 아니?

He is a nice _____.

그는 좋은 사람이다.

Who is that _____?

저 부인은 누구입니까?

0031 **gentleman** [ʤéntlmən]
남자; 신사

gentleman

a tall **gentleman** 키가 큰 신사

0032 **friend** [frend]
친구, 벗 🔄 enemy

friend

a **friend** of mine 나의 친구

0033 **people** [píːpl]
1. 사람들 2. 민족

people

many **people** 많은 사람들

0034 **person** [pə́ːrsn]
사람, 인간

person

a nice **person** 좋은 사람

0035 **family** [fǽməli]
가족

family

a **family** of five 5인 가족

0036 **city** [síti]
도시, 시

city

a big **city** 큰 도시

0037 **town** [taun]
읍, 소도시 *city보다는 작은 곳

town

a small **town** 작은 도시

0038 **village** [vílidʒ]
마을

village

a quiet **village** 조용한 마을

0039 **country** [kʌ́ntri]
1. 나라 2. (the country로) 시골

country

live in the **country** 시골에서 살다

0040 **mountain** [máuntən]
산 *줄임말 Mt.

mountain

a high **mountain** 높은 산

16

Good morning, ladies and _____.
신사 숙녀 여러분, 안녕하십니까?

You are my best _____.
너는 나의 가장 좋은 친구이다.

_____ say that he is very wise.
사람들은 그가 대단히 현명하다고 말한다.

He is a bad _____
그는 나쁜 사람이다.

My _____ is going to Seoul.
우리 가족은 서울에 갈 것이다.

My aunt lives in the _____.
아주머니는 그 도시에 살고 있다.

There are two high schools in our _____.
우리 읍에는 고등학교가 둘 있다.

I was born in a small _____.
나는 작은 마을에서 태어났다.

My uncle lives in the _____.
나의 삼촌은 시골에 사신다.

At last they reached the top of the _____.
마침내 그들은 그 산의 정상에 도착했다.

0041	**place** [pleis] 장소, 곳	place a **place** of meeting 모이는 장소
0042	**area** [ɛ́əriə] 지역; 범위	area a large **area** 넓은 지역
0043	**space** [speis] 공간; 우주	space open **space** 빈 공간
0044	**hill** [hil] 언덕, 작은 산	hill go down a **hill** 언덕을 내려가다
0045	**sea** [si:] 바다 ⊕ land	sea a deep **sea** 깊은 바다
0046	**land** [lænd] 1. 육지 2. 땅	land a **land** animal 육지의 동물
0047	**world** [wəːrld] 세계, 세상	world the **world** of children 어린이의 세계
0048	**homework** [hóumwə̀ːrk] 숙제	homework help one's **homework** 숙제를 돕다
0049	**class** [klæs/klɑːs] 1. 학급 2. 수업	class a math **class** 수학 수업
0050	**teacher** [tíːtʃər] 선생님	teacher an English **teacher** 영어 선생님

We are looking for a good _____ to camp.
우리는 야영하기에 좋은 장소를 찾고 있다.

Is there a hotel in this _____?
이 지역에 호텔이 있습니까?

All the parking _____ are taken.
주차장이 꽉 찼군요.

There is a white house on the _____.
언덕 위에 하얀 집이 있다.

In summer, we swim in the _____.
여름에 우리는 바다에서 수영한다.

His father owns all this _____.
그의 아버지께서는 이 땅을 모두 소유하고 계신다.

This is a map of the _____.
이것이 세계 지도이다.

I didn't do my _____ yet.
나는 나의 숙제를 아직 하지 않았다.

Tom and I study in the same _____.
탐과 나는 같은 반에서 공부한다.

Miss White is an English _____.
화이트 선생님은 영어 선생님이다.

0051 **student** [stjúːdənt] (대학·고교의) 학생	student a bad **student** 나쁜 학생
0052 **classmate** [klǽsmèit] 동급생, 급우	classmate elementary school **classmates** 초등학교 동창
0053 **test** [test] 테스트, 시험 ❀ examination	test a **test** in Korean 국어 시험
0054 **college** [kálidʒ] (단과)대학 ⑳ university 종합대학	college go to **college** 대학에 다니다
0055 **question** [kwéstʃən] 질문, 문제 ⑭ answer	question ask a **question** 질문하다
0056 **club** [klʌb] 클럽, 동아리	club join a **club** 클럽에 입회하다
0057 **classroom** [klǽsrù(ː)m] 교실	classroom come into a **classroom** 교실에 들어가다
0058 **school** [skuːl] 1. 학교 2. 수업	school a **school** on the hill 언덕 위에 학교
0059 **blackboard** [blǽkbɔ̀ːrd] 칠판	blackboard wipe the **blackboard** 칠판을 지우다
0060 **room** [ruːm] 방	room a children's **room** 어린이 방

He is a _____ of this school.
그는 이 학교의 학생이다.

He is my _____.
그는 나의 급우이다.

He passed the _____ in mathematics.
그는 수학 시험에 합격했다.

My brother goes to _____.
나의 형은 대학에 다닌다.

Do you have any _____?
질문 있습니까?

My _____ has a meeting once a week.
우리 동아리는 일주일에 한 번 모임을 갖는다.

My _____ is on the third floor.
내 교실은 3층에 있다.

She went to _____ early in the morning.
그녀는 아침 일찍 학교에 갔다.

Tom writes his name on the _____.
탐은 그의 이름을 칠판에 쓴다.

There are five _____ in his house.
그의 집에는 방이 다섯 개 있다.

0061 window [wíndou]
창문, 창

window

look out of the **window** 창밖을 내다 보다

0062 wall [wɔːl]
1. 벽 2. 담

wall

a low stone **wall** 낮은 돌담

0063 floor [flɔːr]
1. 마루, 바닥 2. (건물의) 층

floor

sit on the **floor** 바닥에 앉다

0064 chair [tʃɛər]
의자, 걸상

chair

a rocking **chair** 흔들 의자

0065 desk [desk]
책상

desk

study at a **desk** 책상에서 공부하다

0066 table [téibl]
탁자, 테이블

table

sit around a **table** 테이블에 둘러앉다

0067 door [dɔːr]
문; 출입구

door

lock a **door** 문을 잠그다

0068 house [haus]
집; 가정

house

a large **house** 넓은 집

0069 kitchen [kítʃin]
부엌

kitchen

cook in the **kitchen** 부엌에서 요리하다

0070 bathroom [bǽθrù(ː)m]
욕실; (집의) 화장실

bathroom

wash hands in the **bathroom** 욕실에서 손을 씻다

He opened the _____.
그는 창문을 열었다.

There was a picture on the _____.
벽에 그림이 하나 있었다.

Our house is on the third _____.
우리집은 3층에 있다.

Sit down on the _____.
의자에 앉아라.

I read and write at my _____.
나는 내 책상에서 읽고 쓴다.

There is a round _____ in the room.
방안에는 둥근 탁자가 있다.

Open the _____.
문을 열어라.

Henry's _____ is very beautiful.
헨리의 집은 매우 아름답다.

Mother cooks in the _____.
어머니께서는 부엌에서 요리를 하신다.

Where is the _____?
화장실은 어디에 있습니까?

0071	**yard** [jɑːrd] 안마당, 뜰	yard sweep the **yard** 마당을 청소하다
0072	**building** [bíldiŋ] 빌딩, 건물	building a tall **building** 높은 빌딩
0073	**garden** [gáːrdn] 정원	garden a beautiful roof **garden** 아름다운 옥상 정원
0074	**street** [striːt] 거리	street march along the **street** 시가행진을 하다
0075	**way** [wei] 1. 길 2. 방향 3. 방법	way ask the **way** 길을 묻다
0076	**bridge** [bridʒ] 다리	bridge go across a **bridge** 다리를 건너다
0077	**park** [pɑːrk] 공원	park walk in a **park** 공원을 걷다
0078	**library** [láibrəri] 도서관	library borrow a book from a **library** 도서관에서 책을 빌리다
0079	**station** [stéiʃən] 정거장, 역	station arrive at the **station** 역에 도착하다
0080	**store** [stɔːr] 《미》가게, 상점 《영》shop	store open a **store** 상점을 열다

He is working in the _____.
그는 마당에서 일하고 있다.

Our school is a four-story _____.
우리 학교는 4층 건물이다.

She grows flowers in the _____.
그녀는 정원에 꽃을 가꾸고 있다.

They walked along the _____.
그들은 거리를 따라 걸었다.

I lost my _____.
나는 길을 잃었다.

They built a _____ across the river.
그들은 강에 다리를 놓았다.

The _____ has beautiful flowers.
그 공원에는 아름다운 꽃들이 있다.

He goes to the _____ every day.
그는 매일 도서관에 간다.

Show me the way to the _____.
역으로 가는 길을 알려주시오.

He bought apples at the fruit _____.
그는 과일 가게에서 사과를 샀다.

0081	**hotel** [houtél] 호텔	hotel stay at a **hotel** 호텔에 묵다
0082	**restaurant** [réstərənt] 음식점, 레스토랑	restaurant eat at a **restaurant** 식당에서 식사를 하다
0083	**office** [ɔ́(:)fis] 사무실; 직장	office go to the **office** 사무실에 가다[출근하다]
0084	**nature** [néitʃər] 자연	nature return to **nature** 자연으로 돌아가다
0085	**season** [síːzn] 계절, 철	season the summer **season** 여름철
0086	**weather** [wéðər] 날씨	weather fine **weather** 좋은 날씨
0087	**rain** [rein] 비	rain a heavy **rain** 큰비
0088	**snow** [snou] 눈	snow be covered with **snow** 눈으로 덮이다
0089	**wind** [wind] 바람	wind a cold **wind** 찬바람
0090	**cloud** [klaud] 구름	cloud a white **cloud** 하얀 구름

That building is a famous _____.

저 건물은 유명한 호텔이다.

I met my cousin at a _____.

나는 음식점에서 나의 사촌을 만났다.

They moved to a new _____.

그들은 새 사무실로 이사했다.

We have to keep our _____.

우리는 우리의 자연을 지켜야 한다.

There are four _____ in a year.

1년에 4계절이 있다.

How was the _____?

날씨는 어떠했습니까?

We had a lot of _____ this year.

올해는 비가 많이 왔다.

_____ falls from the sky in winter.

눈은 겨울에 하늘에서 내린다.

The _____ was blowing.

바람이 불고 있었다.

We see a big _____ in the sky.

하늘에 커다란 구름이 있다.

0091	**sky** [skai] (보통 the sky로) 하늘	sky a clear **sky** 맑은 하늘
0092	**moon** [muːn] (보통 the moon으로) 달	moon a trip to the **moon** 달 여행
0093	**star** [staːr] 별	star a bright **star** 밝은 별
0094	**sun** [sʌn] (보통 the sun으로) 해, 태양	sun the setting **sun** 지는 해
0095	**earth** [əːrθ] 지구	earth live on the **earth** 지구에 살다
0096	**book** [buk] 책	book write a **book** 책을 쓰다
0097	**letter** [létər] 1. 편지 2. 문자, 글자	letter mail a **letter** 편지를 부치다
0098	**picture** [píktʃər] 1. 그림 2. 사진	picture draw a **picture** 그림을 그리다
0099	**box** [baks/bɔks] 상자	box a **box** of apples 사과 한 상자
0100	**bag** [bæg] 1. 주머니 2. 가방, 백	bag put into a **bag** 주머니에 넣다

On a clear day, the _____ is blue.

맑은 날에 하늘은 파랗다.

A bright _____ was coming up.

밝은 달이 떠오르고 있었다.

We can see many _____ at night.

우리는 밤에 많은 별을 볼 수 있다.

The _____ rises in the east and sets in the west.

해는 동쪽에서 떠서 서쪽으로 진다.

The _____ moves round the sun.

지구는 태양 둘레를 돈다.

I like to read _____.

나는 책 읽기를 좋아한다.

Su-mi wrote a _____.

수미는 편지를 썼다.

There are many _____ on the wall.

벽에는 많은 그림들이 있다.

He keeps his toys in a _____.

그는 장난감을 상자에 보관한다.

I have three books in my _____.

내 가방에 책이 세 권 있다.

0101 **dish** [diʃ]
접시; 요리

dish

a **dish** of meat 고기 한 접시

0102 **machine** [məʃíːn]
기계

machine

a washing **machine** 세탁기

0103 **TV** [tìːvíː]
(television의 줄임말) 텔레비전

TV

turn on the **TV** 텔레비전을 켜다

0104 **radio** [réidiòu]
라디오

radio

listen to the **radio** 라디오를 듣다

0105 **phone** [foun]
전화, 전화기 ⊕ telephone

phone

talk on the **phone** 전화로 이야기하다

0106 **bed** [bed]
침대, 잠자리

bed

sleep in **bed** 침대에서 자다

0107 **cup** [kʌp]
컵, 찻잔

cup

a **cup** of coffee 커피 한 잔

0108 **paper** [péipər]
1. 종이 2. 신문 ⊕ newspaper

paper

a **paper** cup 종이컵

0109 **card** [kɑːrd]
1. 카드; 엽서; 명함
2. (트럼프의) 카드

card

a birthday **card** 생일 카드

0110 **pencil** [pénsəl]
연필

pencil

write with a **pencil** 연필로 쓰다

The cook put the food on a _____.
요리사는 음식을 접시에 담았다.

Any vending _____ around here?
이 근처에 자판기는 어디 있습니까?

I am watching _____ now.
나는 지금 TV를 보고 있다.

He was listening to the _____.
그는 라디오를 듣고 있었다.

I must go and make a _____ call.
나는 가서 전화를 걸어야 해.

There is a _____ in the room.
방에 침대가 하나 있다.

She drank a _____ of coffee.
그녀는 커피 한 잔을 마셨다.

He draws pictures on a piece of _____.
그는 종이 한 장에 그림을 그린다.

I received a _____ from my sister in London.
나는 런던에 있는 누이에게서 카드를 받았다.

I drew a picture with a _____.
나는 연필로 그림을 그렸다.

0111 **eraser** [iréizər] 지우개	eraser a blackboard **eraser** 칠판지우개
0112 **textbook** [tékstbùk] 교과서	textbook an English **textbook** 영어 교과서
0113 **album** [ǽlbəm] 앨범, 사진첩	album slip in an **album** 앨범에 끼우다
0114 **dictionary** [díkʃənəri] 사전	dictionary an English-Korean **dictionary** 영한사전
0115 **diary** [dáiəri] 일기, 일기장	diary keep a **diary** 일기를 쓰다
0116 **mail** [meil] 《미》우편, 우편물 《영》post	mail take the **mail** 우편물을 받다
0117 **newspaper** [n(j)úːzpèipər] 신문, 신문지	newpaper deliver **newspapers** 신문을 배달하다
0118 **pen** [pen] 펜	pen write with a **pen** 펜으로 쓰다
0119 **notebook** [nóutbùk] 공책, 노트	notebook write in a **notebook** 공책에 적다
0120 **home** [houm] 집, 가정	hoom a happy **home** 행복한 가정

May I use your _____ ?
네 지우개를 써도 되겠니?

This is a new _____ .
이것은 새 교과서이다.

Mother gave me an _____ for a present.
어머니께서 나에게 앨범을 선물로 주셨다.

This book is a _____ .
이 책은 사전이다.

She keeps a _____ .
그녀는 일기를 쓴다.

Send the letter by air _____ .
그 편지를 항공 우편으로 보내 주렴.

Father is reading the _____ .
아버지는 신문을 읽고 계신다.

Joe writes with a _____ .
조는 펜으로 글을 쓴다.

Do you have a _____ ?
너는 노트를 가지고 있니?

There is no place like _____ .
집보다 더 좋은 곳은 없다.

| 0121 | **dress** [dres] | dress |
| | 옷; 드레스 | a white **dress** 흰색 드레스 |

| 0122 | **tomorrow** [təmɔ́rou] | tomorrow |
| | 내일 | **tomorrow** evening 내일 저녁 |

| 0123 | **culture** [kʌ́ltʃər] | culture |
| | 문화 | Korean food **culture** 한국 음식 문화 |

| 0124 | **yesterday** [jéstərdèi] | yesterday |
| | 어제 | **yesterday** morning 어제 아침 |

| 0125 | **today** [tədéi/tudéi] | today |
| | 오늘 | **today**'s newspaper 오늘 신문 |

| 0126 | **then** [ðen] | then |
| | 그때 | since **then** 그 이후 |

| 0127 | **news** [nju:z] | news |
| | 1. 뉴스, 보도 2. 소식, 통지 | bad **news** 나쁜 소식 |

| 0128 | **history** [hístəri] | history |
| | 역사 | Korean **history** 한국 역사 |

| 0129 | **custom** [kʌ́stəm] | custom |
| | 관습, 습관 | Korean **customs** 한국인의 관습 |

| 0130 | **idea** [aidíːə] | idea |
| | 1. 생각, 아이디어 2. 짐작 | a good **idea** 좋은 생각 |

This _____ is new.
이 옷은 새 것이다.

I am going to leave _____.
나는 내일 떠날 것이다.

I want to experience more _____.
더 많은 문화 경험을 하고 싶다.

Where were you _____?
너는 어제 어디에 있었니?

_____ is my birthday.
오늘은 내 생일이다.

We lived in the country _____.
우리는 그때 시골에 살았다.

I heard the _____ over the radio.
나는 그 뉴스를 라디오로 들었다.

He teaches _____ to us.
그는 우리에게 역사를 가르친다.

I followed the American _____.
나는 미국의 관습을 따랐다.

That's a very good _____!
그거 정말 좋은 생각인데!

0131 experience
[ikspíəriəns] 경험, 체험

experience

a good **experience** 좋은 경험

0132 dream [driːm]
꿈

dream

a wonderful **dream** 멋진 꿈

0133 courage [kə́ːridʒ]
용기

courage

lose **courage** 용기를 잃다

0134 chance [tʃæns]
1. 기회, 찬스 2. 가망

chance

a good **chance** 절호의 기회

0135 advice [ədváis/ædváis]
충고, 조언

advice

give **advice** 충고를 하다

0136 fact [fækt]
사실

fact

tell the **fact** 사실을 말하다

0137 feeling [fíːliŋ]
1. 감각, 느낌 2. (feelings로) 감정

feeling

a **feeling** of happiness 행복감

0138 game [geim]
1. 놀이, 게임 2. 경기, 시합

game

a tennis **game** 테니스 경기

0139 team [tiːm]
팀, 조 ⊜ group

team

a basketball **team** 농구 팀

0140 player [pléiər]
1. 선수, 경기자 2. 연주자

player

a volleybal **player** 배구 선수

He has much _____ as a teacher.
그는 교사로서의 경험이 풍부하다.

He awoke from a _____.
그는 꿈에서 깨었다.

He is a man of _____.
그는 용감한 사람이다.

We had a good _____.
우리는 좋은 기회가 있었다.

I want to give you some _____.
몇 마디 충고를 하겠다.

It is a _____ that everything changes.
모든 것이 변한다는 것은 사실이다.

Do not hurt your father's _____.
당신 아버지의 감정을 상하게 하지 마시오.

I have never enjoyed a _____ so much.
나는 이제까지 이렇게 재미있는 놀이를 한 적이 없다.

Our _____ won the game.
우리 팀이 시합에 이겼다.

He is a baseball _____.
그는 야구 선수이다.

0141 **fan** [fæn]
1. 팬, 애호가 2. 부채, 선풍기

fan
a basebal **fan** 야구 팬

0142 **music** [mjúːzik]
음악

music
folk **music** 민속 음악

0143 **song** [sɔ(ː)ŋ]
노래

song
sing a **song** 노래를 부르다

0144 **movie** [múːvi]
영화

movie
a **movie** star 영화배우

0145 **sport** [spɔːrt]
스포츠, 운동경기

sport
play a **sport** 운동을 하다

0146 **uniform** [júːnəfɔːrm]
제복, 유니폼

uniform
a military **uniform** 군복

0147 **ball** [bɔːl]
볼, 공

ball
throw a **ball** 공을 던지다

0148 **goal** [goul]
1. 골 2. 승점, 득점

goal
get a **goal** 득점을 얻다

0149 **concert** [kánsə(ː)rt]
콘서트, 음악회

concert
hold a **concert** 콘서트를 열다

I am a great _____ of the Korean soccer team.
나는 한국 축구팀의 열렬한 팬이다.

I listen to _____ every evening.
나는 매일 저녁 음악을 듣는다.

What is your favorite _____?
네가 가장 좋아하는 노래는 무엇이니?

The _____ was very exciting.
그 영화는 매우 재미있었다.

What _____ do you like best?
당신은 어떤 운동을 제일 좋아합니까?

His _____ is old.
그의 제복은 낡았다.

She picked up the _____.
그녀는 그 공을 집어 들었다.

Korea scored another _____.
한국이 한 골을 추가했다.

The _____ will be held next Sunday.
음악회는 다음 일요일에 열린다.

0150 **button** [bʌ́tn]
(의복의) 단추; 초인종의 누름 단추

button
press a **button** 버튼을 누르다

0151 **bell** [bel]
벨, 초인종; 종

bell
ring a **bell** 종을 울리다

0152 **hole** [houl]
구멍

hole
dig a **hole** 구멍을 파다

0153 **glass** [glæs/glɑ:s]
1. 유리 2. 유리잔, 컵

glass
a **glass** of water 물 한 컵

0154 **money** [mʌ́ni]
돈

money
have some **money** 약간의 돈을 가지고 있다

0155 **prize** [praiz]
상, 상품, 상금

prize
win first **prize** 1등상을 받다

0156 **ticket** [tíkit]
표, 승차권

ticket
buy a one-way **ticket** 편도 차표를 사다

0157 **meeting** [míːtiŋ]
회의, 모임

meeting
attend a **meeting** 회의에 참석하다

0158 **story** [stɔ́ːri]
1. 이야기 2. 소설, 동화

story
tell a **story** 이야기를 하다

0159 **fish** [fiʃ]
물고기, 생선

fish
catch a **fish** 물고기를 잡다

My coat _____ came off.
코트에서 단추가 떨어졌다.

The _____ is ringing.
종이 울린다.

The mouse has passed through the _____.
쥐가 그 구멍으로 지나갔다.

The window is made of _____.
그 창문은 유리로 만들어졌다.

I have no _____.
나는 돈이 하나도 없다.

He gave me a clock as a _____.
그는 나에게 상으로 시계를 주었다.

Where can I get a _____?
표를 어디서 구할 수 있습니까?

Our club had a _____ yesterday.
우리 클럽은 어제 모임을 가졌다.

He told me an interesting _____.
그는 내게 재미있는 이야기를 해주었다.

A _____ lives in water.
물고기는 물에서 산다.

0160	**name** [neim] 이름	*name* call his **name** 그의 이름을 부르다
0161	**life** [laif] 1. 생활 2. 생명 ⑪ death	*life* a very happy **life** 매우 행복한 생활
0162	**tree** [tri:] 나무	*tree* fall from the **tree** 나무에서 떨어지다
0163	**flower** [fláuər] 꽃	*flower* a **flower** garden 화원
0164	**rock** [rɑk/rɔk] 바위	*rock* a big **rock** 큰 바위
0165	**island** [áilənd] 섬	*island* a small **island** 작은 섬
0166	**road** [roud] 길, 도로	*road* a car on the **road** 도로 위의 차
0167	**corner** [kɔ́ːrnər] 1. 구석 2. 모퉁이	*corner* a building on the **corner** 모퉁이의 빌딩
0168	**stone** [stoun] 돌	*stone* throw a **stone** 돌을 던지다
0169	**ground** [graund] 1. 땅, 지면 2. 운동장	*ground* sit on the **ground** 땅에 앉다

What is your _____ ?
당신의 이름은 무엇입니까?

She is living a very happy _____ .
그녀는 매우 행복한 생활을 하고 있다.

Birds are singing in a _____ .
나무에서 새들이 지저귀고 있다.

A rose is a _____ .
장미는 꽃이다.

I sat down on a _____ .
나는 바위에 앉았다.

Korea has many _____ .
한국에는 섬이 많다.

There are many cars and people on the _____ .
도로에는 많은 차와 사람들이 있다.

I placed the chair in the _____ of the room.
나는 의자를 방의 구석에 놓았다.

His house is made of _____ .
그의 집은 돌로 만들어져 있다.

The _____ of our school is large.
우리 학교 운동장은 넓다.

| 0170 | **lake** [leik] | lake |
| | 호수 | fish in a **lake** 호수에서 낚시하다 |

| 0171 | **river** [rívər] | river |
| | 강 | swim across a **river** 강을 헤엄쳐 건너다 |

| 0172 | **forest** [fɔ́(:)rist] | forest |
| | 숲, 삼림 | camp in a **forest** 숲에서 야영하다 |

| 0173 | **beach** [bi:tʃ] | beach |
| | 해변, 바닷가 | play on the **beach** 해변에서 놀다 |

| 0174 | **thing** [θiŋ] | thing |
| | 물건, 것 | buy many **things** 많은 것을 사다 |

| 0175 | **train** [trein] | train |
| | 기차 | an express **train** 급행열차 |

| 0176 | **vacation** [veikéiʃən] | vacation |
| | 《미》휴가, 방학 | the summer **vacation** 여름휴가 |

| 0177 | **shop** [ʃɑp/ʃɔp] | shop |
| | 《영》가게, 상점 《미》store | a gift **shop** 선물가게 |

| 0178 | **language** [lǽŋgwidʒ] | language |
| | 언어, 말 | learn a foreign **language** 외국어를 배우다 |

| 0179 | **water** [wɔ́:tər / wátər] | water |
| | 물 | drink a glass of **water** 물 한 잔을 마시다 |

We saw some water birds on the _____.
우리는 호수에 있는 물새들을 보았다.

This _____ is the longest in Korea.
이 강은 한국에서 가장 길다.

There are many birds in the _____.
그 숲에는 많은 새들이 있다.

We sang a song on the _____.
우리는 해변에서 노래를 불렀다.

What are those _____ on the table?
탁자 위에 있는 저 물건들은 무엇이냐?

They missed the _____.
그들은 그 기차를 놓쳤다.

He is on _____.
그는 휴가 중이다.

I have a small flower _____.
나는 조그만 꽃 가게를 하나 가지고 있다.

English is a foreign _____.
영어는 외국어이다.

I drank a glass of _____.
나는 물 한 잔을 마셨다.

0180	**car** [kɑːr] 자동차, 차	car a sleeping **car** 침대차

0181 **word** [wəːrd]
낱말, 단어

word
a **word** of advice 충고 한 마디

0182 **party** [páːrti]
모임, 파티

party
give a **party** 파티를 열다

0183 **lunch** [lʌntʃ]
점심

lunch
eat **lunch** 점심을 먹다

0184 **dinner** [dínər]
저녁 식사

dinner
invite to **dinner** 저녁 식사에 초대하다

0185 **breakfast** [brékfəst]
아침 식사

breakfast
after **breakfast** 아침 식사 후

0186 **animal** [ǽnəməl]
동물

animal
a wild **animal** 야생 동물

0187 **fruit** [fruːt]
과일, 열매

fruit
fresh **fruit** 신선한 과일

0188 **color** [kʌ́lər]
색깔, 색상

color
a dark **color** 어두운 색

0189 **holiday** [hálədei]
휴일, 휴가

holiday
a national **holiday** 국경일

They are washing the _____.
그들은 차를 닦고 있다.

What does this _____ mean?
이 단어는 무슨 뜻입니까?

I'll go to his birthday _____.
나는 그의 생일 파티에 갈 것이다.

What will you have for _____?
점심으로 무얼 먹을 거니?

We have _____ at six o'clock.
우리는 6시에 저녁을 먹는다.

Tom has his _____ at seven o'clock.
탐은 7시에 아침을 먹는다.

What _____ do you like?
무슨 동물을 좋아하니?

What _____ do you like best?
무슨 과일을 제일 좋아하니?

A rainbow has many _____ ____.
무지개는 많은 색깔을 갖고 있다.

I'm on _____ next week.
나는 다음 주에 휴가다.

47

0190	**birthday** [bə́ːrθdèi] 생일	birthday my 15th **birthday** 나의 15번째 생일
0191	**bird** [bə́ːrd] 새, 날짐승	bird a flying **bird** 나는 새
0192	**meat** [miːt] 고기	meat cook **meat** 고기를 요리하다
0193	**job** [dʒɑb/dʒɔb] 일, 직업	job finish a **job** 일을 끝내다
0194	**boat** [bout] 보트, 작은 배	boat get in a **boat** 보트를 타다
0195	**number** [nʌ́mbər] 1. 수, 숫자 2. 번호	number count the **number** of pupils 학생 수를 세다
0196	**end** [end] 끝, 마지막	end the **end** of a line 줄의 끝
0197	**top** [tɑp/tɔp] 꼭대기, 정상	top the **top** of a tree 나무 꼭대기
0198	**problem** [prɑ́bləm] 문제	problem an easy **problem** 쉬운 문제
0199	**heart** [hɑːrt] 심장, 마음	heart a **heart** disease 심장병

Happy _____ to you!
생일 축하합니다!

A _____ is flying in the sky.
새가 하늘을 날고 있다.

I don't like _____.
나는 고기를 좋아하지 않는다.

They have finished their _____.
그들은 일을 끝냈다.

We took a _____ on the lake.
우리들은 호수에서 보트를 탔다.

What is your phone _____?
네 전화번호가 뭐지?

This is the _____ of the story.
이것이 그 이야기의 끝이다.

He reached the _____ of the mountain.
그는 산꼭대기에 도착했다.

It is a difficult _____.
그것은 어려운 문제이다.

She has a kind _____.
그녀는 친절한 마음씨를 가지고 있다.

0200	**air** [ɛər] 공기, 대기	air fresh **air** 신선한 공기

0201 **festival** [féstəvəl]
축제, 축제일

festival
a school **festival** 학교 축제

0202 **lesson** [lésn]
1. 과목, 교과 2. 수업

lesson
a piano **lesson** 피아노 레슨

0203 **war** [wɔ:r]
전쟁 ⊕ peace

war
hate **war** 전쟁을 증오하다

0204 **peace** [pi:s]
평화

peace
love **peace** 평화를 사랑하다

0205 **line** [lain]
1. 선 2. 줄, 열

line
draw a **line** on the paper 종이에 선을 긋다

0206 **date** [deit]
날짜

date
fix the **date** 날짜를 정하다

0207 **bus** [bʌs]
버스

bus
a **bus** stop 버스 정류장

0208 **computer** [kəmpjú:tər]
컴퓨터

computer
a **computer** game 컴퓨터 게임

0209 **math** [mæθ]
수학 〈mathematics의 줄임말〉

math
a **math** problem 수학 문제

How fresh the _____ is!

공기가 참 상쾌하구나!

There's a _____ at my school in October each year.

우리 학교는 매년 10월에 축제가 있다.

How many _____ do you have?

몇 과목을 배우니?

World _____ II broke out in 1939.

제2차 세계 대전은 1939년에 일어났다.

We want _____, not war.

우리들은 전쟁이 아니라 평화를 원한다.

She draws a straight _____.

그녀는 직선을 그린다.

What's the _____ today?

오늘이 며칠입니까?

I go to school by _____.

나는 버스로 통학한다.

Father bought a _____ for me.

아버지는 내게 컴퓨터를 사주셨다.

English is easier than _____.

영어는 수학보다 쉽다.

0210	**watch** [watʃ/wɔːtʃ] 시계; 손목시계	watch a gold **watch** 금시계
0211	**temple** [témpl] 절, 사원	temple an old **temple** 오래된 절
0212	**speech** [spiːtʃ] 말; 연설	speech freedom of **speech** 언론의 자유
0213	**nurse** [nəːrs] 간호사	nurse a kind **nurse** 친절한 간호사
0214	**plant** [plænt/plɑːnt] 식물	plant a water **plant** 수생 식물
0215	**accident** [ǽksidənt] 사고; 우연	accident a car **accident** 자동차 사고
0216	**century** [séntʃuri] 세기, 백년	century the 20th **century** 20세기
0217	**sound** [saund] 소리	sound a big **sound** 큰 소리
0218	**doctor** [dáktər / dɔ́ktər] 의사, 박사	doctor consult the **doctor** 의사의 진찰을 받다
0219	**farm** [fɑːrm] 농장	farm a fruit **farm** 과수원

I lost my _____ .
나는 내 시계를 잃어버렸다.

They visited the _____ .
그들은 절을 방문했다.

He made a _____ in English.
그는 영어로 연설을 했다.

She is a _____ .
그녀는 간호사이다.

There are many wild _____ in the field.
들에는 많은 야생 식물이 있다.

When did the _____ occur?
그 사고는 언제 발생했습니까?

This building was built in the 19th _____ .
이 빌딩은 19세기에 지어졌다.

The _____ of music made me happy.
음악 소리가 나를 기쁘게 했다.

When I am sick, I see a _____ .
나는 아플 때 의사에게 진찰을 받는다.

A farmer works on the _____ .
농부는 농장에서 일한다.

0220	**plane** [plein] 비행기	plane a passenger **plane** 여객기
0221	**ship** [ʃip] (큰)배	ship sail on a **ship** 배로 항해하다
0222	**middle** [midl] 한가운데, 중앙	middle the **middle** of the road 도로의 중앙
0223	**travel** [trǽvəl] 여행 ⊕ tour, trip	travel a **travel** in England 영국 여행
0224	**message** [mésidʒ] 메시지, 전하는 말	message bring a **message** 메시지를 전하다
0225	**future** [fjúːtʃər] 미래, 장래	future a bright **future** 밝은 미래
0226	**bath** [bæθ/bɑːθ] 목욕; 욕실	bath take a **bath** every day 매일 목욕을 하다
0227	**voice** [vɔis] 목소리	voice a lovely **voice** 사랑스런 목소리
0228	**poem** [póuim] (한 편의) 시	poem write a **poem** 시를 쓰다
0229	**bike** [baik] 자전거 〈bicycle의 줄임말〉	bike ride a **bike** 자전거를 타다

What time do we board the _____?
비행기 탑승은 몇 시에 시작합니까?

We went to America by _____.
우리는 배를 타고 미국에 갔다.

There is a large table in the _____.
한가운데에 큰 탁자가 있다.

She has returned from her _____.
그녀는 여행에서 돌아왔다.

I have a _____ for you.
당신에게 전할 말이 있습니다.

You have to do your best for the _____.
너는 미래를 위해서 최선을 다해야 한다.

Tom takes a _____ every morning.
탐은 매일 아침 목욕을 한다.

She sings in a sweet _____.
그녀는 아름다운 목소리로 노래한다.

Shakespeare wrote many famous _____.
셰익스피어는 유명한 시를 많이 썼다.

They go to school by _____.
그들은 자전거를 타고 등교한다.

0230	**map** [mæp]	map
	지도	draw a **map** 지도를 그리다

0231	**course** [kɔːrs]	course
	진로, 항로; 진행, 과정	a **course** of study 연구 과정

0232	**member** [mémbər]	member
	회원, 일원, 멤버	a list of **members** 회원 명부

0233	**trip** [trip]	trip
	(짧은) 여행	a **trip** to Jeju-do 제주도로의 여행

0234	**volunteer** [vɔ̀ləntíər]	volunteer
	지원자; 자원 봉사자	**volunteer** work at the hospital 병원에서의 자원 봉사 활동

0235	**secret** [síːkrit]	secret
	비밀	keep a **secret** 비밀을 지키다

0236	**king** [kiŋ]	king
	왕, 국왕 ⑩ queen	the **king** of all animals 모든 짐승의 왕

0237	**queen** [kwiːn]	queen
	여왕, 왕비	a beautiful **queen** 아름다운 여왕

0238	**camera** [kǽmərə]	camera
	카메라, 사진기	an old **camera** 오래된 카메라

0239	**damage** [dǽmidʒ]	damage
	손해, 피해	serious **damage** 심각한 피해

I can see New York on the _____.
뉴욕은 그 지도에 있다.

The plane changed _____.
그 비행기는 항로를 바꾸었다.

She became a _____ of the club.
그녀는 그 클럽의 회원이 되었다.

We went on a _____ to Gyeongju.
우리는 경주로 여행을 갔다.

My grandmother _____ much for the poor.
할머니는 가난한 사람들을 위해 봉사를 많이 하셨다.

He always keeps a _____.
그는 항상 비밀을 지킨다.

The _____ wears a crown on his head.
왕은 머리에 왕관을 쓰고 있다.

The wife of a king is called a _____.
왕의 부인은 왕비라고 불린다.

This _____ was made in Germany.
이 사진기는 독일제이다.

The flood did much _____ to the crops.
그 홍수는 농작물에 큰 피해를 입혔다.

0240 **joke** [dʒouk] 농담, 짓궂은 장난	*joke* take a **joke** 농담을 알아듣다
0241 **sight** [sait] 광경, 경치	*sight* a familiar **sight** 익숙한 광경
0242 **finger** [fíŋgər] 손가락	*finger* long **fingers** 긴 손가락
0243 **point** [pɔint] 점, 요점	*point* the **point** of her talk 그녀의 이야기의 요점
0244 **guest** [gest] (초대받은) 손님	*guest* greet a **guest** 손님을 맞이하다
0245 **police** [pəlíːs] (보통 the police로) 경관, 순경	*police* call the **police** 경찰을 부르다
0246 **trouble** [trʌ́bəl] 1. 수고, 어려움 2. 성가심	*trouble* an engine **trouble** 엔진 고장
0247 **mistake** [mistéik] 실수, 잘못	*mistake* make a **mistake** 실수하다
0248 **tail** [teil] 꼬리 ⊕ head	*tail* a long **tail** 긴 꼬리
0249 **scientist** [sáiəntist] 과학자	*scientist* a great **scientist** 위대한 과학자

He often makes good _____.
그는 자주 재미있는 농담을 한다.

What a beautiful _____ (it is)!
얼마나 아름다운 경치냐!

Mary wears a ring on her _____.
메리는 손가락에 반지를 끼고 있다.

That is a weak _____.
저것이 약점이다.

I was his _____ for a month.
나는 한 달 동안 그의 집에 손님으로 있었다.

The _____ were called by a passerby.
한 지나가는 사람이 경찰을 불렀다.

What is your _____?
무엇이 문제입니까?

That is my _____.
그건 내 실수야.

The monkey has a long _____.
원숭이는 긴 꼬리를 갖고 있다.

I want to be a _____.
나는 과학자가 되고 싶다.

0250	**rose** [rouz]	rose
	장미(꽃)	a red **rose** 빨간 장미

0251	**age** [eidʒ]	age
	나이, 연령	ten years of **age** 열 살

0252	**step** [step]	step
	계단; 발걸음	a first **step** 첫 걸음

0253	**art** [ɑːrt]	art
	미술, 예술	a work of **art** 미술품

0254	**bicycle** [báisikl]	bicycle
	자전거	ride a **bicycle** 자전거를 타다

0255	**clock** [klɑk/klɔk]	clock
	(괘종) 시계	an alarm **clock** 자명종 시계

0256	**hat** [hæt]	hat
	(테가 있는) 모자	wear a **hat** 모자를 쓰다

0257	**fire** [faiər]	fire
	1. 불 2. 화재	light a **fire** 불을 피우다

0258	**roof** [ruːf]	roof
	지붕	a **roof** garden 옥상 정원

0259	**wave** [weiv]	wave
	파도, 물결	a high **wave** 높은 파도

He gave me five _____.
그는 나에게 장미 다섯 송이를 주었다.

She is of the same _____ as you.
그녀는 당신과 동갑입니다.

I'll be a few _____ behind.
나는 몇 걸음 뒤에 있겠다.

_____ is long, life is short.
예술은 길고 인생은 짧다.

Mother bought a _____ for me.
어머니께서는 나에게 자전거를 한 대 사주셨다.

There is a _____ on the wall.
벽에 시계가 하나 있다.

The little girl wears a _____.
그 어린 소녀는 모자를 쓰고 있다.

_____ can burn everything.
불은 모든 것을 태울 수 있다.

Our house has a red _____.
우리 집은 빨간 지붕이다.

The _____ are very high today.
오늘은 파도가 높다.

0260	**model** [mádl/mɔ́dl] 모형, 본; 모델	model a new **model** 새로운 모델
0261	**artist** [áːrtist] 예술가, 화가	artist a world-famous **artist** 세계적으로 유명한 화가
0262	**matter** [mǽtəːr] 일, 문제	matter a little **matter** 사소한 문제
0263	**percent** [pərsént] 퍼센트, 백분율	percent a hundred **percent** success 100 퍼센트의 성공
0264	**video** [vídiòu] 비디오	video watch a **video** 비디오를 보다
0265	**statue** [stǽtʃuː] 조각상	statue a **statue** of a lion 사자의 상
0266	**bomb** [bɑm/bɔm] 폭탄	bomb an atomic **bomb** 원자 폭탄
0267	**sentence** [séntəns] 문장	sentence a negative **sentence** 부정문
0268	**subject** [sʌ́bdʒikt] 1. 주제, 제목 2. (학교의) 과목, 학과	subject change the **subject** 주제를 바꾸다
0269	**clothes** [klouðz] 옷, 의복	clothes put on **clothes** 옷을 입다

He's always been my role _____.

그는 언제나 내 본보기가 돼 주었다.

An _____ draws pictures well.

화가는 그림을 잘 그린다.

This is an important _____.

이것은 중요한 문제이다.

You have to be in the top ten _____ of your class.

학급 석차가 10% 안에는 들어야 한다.

We bought a _____ cassette recorder yesterday.

우리는 어제 비디오카세트 녹화기(VCR)를 샀다.

There is a _____ of MacArthur in Incheon city.

인천시에는 맥아더 동상이 있다.

The _____ went off and killed twelve people.

그 폭탄이 터져서 열 두 사람이 사망했다.

Read the _____, please.

그 문장을 읽어 주세요.

What is your favorite _____?

네가 가장 좋아하는 과목은 무엇이니?

Tom's mother is washing his _____.

탐의 어머니께서는 그의 옷을 세탁하고 계신다.

| 0270 | **sign** [sain]
1. 기호, 표지 2. 신호, 몸짓 | sign
a minus **sign** 마이너스 부호 |

| 0271 | **band** [bænd]
1. 끈, 띠 2. 악단, 밴드 | band
a school **band** 학교 악단 |

| 0272 | **museum** [mjuːzíːəm]
박물관; 미술관 | museum
an art **museum** 미술관 |

| 0273 | **blossom** [blásəm]
꽃 〈주로 과실나무 꽃을 말함〉 | blossom
acacia **blossoms** 아카시아 꽃 |

| 0274 | **oil** [ɔil]
기름; 석유 | oil
olive **oil** 올리브 기름 |

| 0275 | **danger** [déindʒər]
위험, 위험한 것 ⑪ safety | danger
a lot of **danger** 많은 위험 |

| 0276 | **captain** [kǽptin]
1. (팀의) 주장 2. 선장, 기장 | captain
the **captain** of our team 우리 팀 주장 |

| 0277 | **writer** [ráitər]
작가, 저자 | writer
the **writer** of this book 이 책의 저자 |

| 0278 | **seat** [siːt]
자리, 좌석 | seat
take a **seat** 자리에 앉다 |

| 0279 | **planet** [plǽnit]
행성, 유성 | planet
the **planets** of the sun 태양의 행성 |

He made a _____ to me.
그는 나에게 신호했다.

The gift was tied with _____.
그 선물은 끈으로 묶여 있었다.

We visited the national _____.
우리는 국립 박물관을 방문했다.

Apple _____ are white.
사과 꽃은 하얗다.

Mother fries fish in cooking _____.
어머니는 식용유에 생선을 튀기신다.

Keep out of _____.
위험하니 가까이 가지 마시오.

He was elected _____ of a football team.
그는 축구팀의 주장으로 뽑혔다.

He is famous as a _____ of fairy tales.
그는 동화 작가로 유명하다.

Go back to your _____.
당신 자리로 돌아가시오.

We observed the _____ through a telescope.
우리는 망원경을 통해 그 행성을 관찰했다.

0280 **side** [said]
쪽, 측면

side

one **side** of the road 길 한쪽

0281 **interview** [íntərvjùː]
면담, 면접; 인터뷰

interview

an **interview** with him 그와의 면담

0282 **noise** [nɔiz]
시끄러운 소리, 떠드는 소리

noise

a loud **noise** 큰 소리[소음]

0283 **hero** [híərou]
영웅

hero

a war **hero** 전쟁 영웅

0284 **pleasure** [pléʒər]
즐거움, 쾌락

pleasure

pleasure of reading books 독서의 즐거움

0285 **scene** [siːn]
1. 장면 2. 풍경

scene

a beautiful **scene** 아름다운 경치

0286 **supermarket**
[súːpərmàːrkit] 슈퍼마켓

supermarket

go to the **supermarket** 슈퍼마켓에 가다

0287 **flight** [flait]
비행; (비행기) 편

flight

a space **flight** 우주 비행

0288 **symbol** [símbəl]
상징; 기호

symbol

a chemical **symbol** 화학 기호

0289 **president** [prézidənt]
1. 대통령 2. 회장

president

the **President** of Korea 한국 대통령

He sat on his father's right _____.
그는 아버지의 오른쪽에 앉았다.

We had an _____ with the President.
우리는 대통령과 면담했다.

There's so much _____ in here.
여기는 너무 시끄럽다.

Everybody needs a _____.
모든 사람은 영웅을 필요로 한다.

He lived for _____.
그는 즐거움을 위해 살았다.

The star came on the _____.
그 배우가 그 장면에 나왔다.

We can buy various things in a _____.
우리는 슈퍼마켓에서 다양한 물건들을 살 수 있다.

They made a long _____.
그들은 장거리 비행을 했다.

The dove is a _____ of peace.
비둘기는 평화의 상징이다.

We chose him _____ of our club.
우리는 그를 우리 클럽의 회장으로 선출했다.

0290	**difference** [dífərəns] 다름, 차이	difference a big **difference** 큰 차이
0291	**mind** [maind] 마음, 정신 🐸 body	mind change my **mind** 마음을 바꾸다
0292	**opinion** [əpínjən] 의견, 견해	opinion my **opinion** about this 이것에 대한 나의 의견
0293	**singer** [síŋəːr] 가수	singer a good **singer** 훌륭한 가수
0294	**rocket** [rákit/rɔ́kit] 로켓	rocket a space **rocket** 우주 로켓
0295	**driver** [dráivər] 운전사, 운전기사	driver a taxi **driver** 택시 운전사
0296	**tube** [tjuːb] 관, 튜브	tube a **tube** of tooth paste 튜브에 든 치약
0297	**bowl** [boul] 사발, 그릇	bowl a **bowl** of rice 밥 한 그릇
0298	**rest** [rest] 쉼, 휴식	rest an hour's **rest** 1시간의 휴식
0299	**doll** [dɑl/dɔ(ː)l] 인형	doll a pretty **doll** 예쁜 인형

It doesn't make any _____.
그것은 별 차이가 없다.

Tell me what you have in _____.
마음에 두고 있는 것을 말해 보아라.

In my _____, you're wrong.
내 생각으로는 네가 그르다.

The _____ is hot these days.
그 가수는 요즈음 인기가 좋다.

We can make a _____.
우리는 로켓을 만들 수 있다.

The taxi _____ was very kind to me.
그 택시 운전사는 매우 친절했다.

This is a _____ of red paint.
이것은 빨간 그림물감이 든 튜브이다.

First, a _____ of vegetable soup was served.
먼저 야채 수프가 나왔다.

Let's take a _____ in that room.
저 방에서 쉽시다.

My aunt gave me a nice _____.
아주머니가 나에게 좋은 인형을 주셨다.

0300 **neighbor** [néibər]
이웃, 이웃 사람

neighbor

talk with a **neighbor** 이웃과 이야기하다

0301 **enemy** [énəmi]
적 ⊕ friend

enemy

fight with the **enemy** 적과 싸우다

0302 **airport** [ɛ́ərpɔ̀ːrt]
공항, 비행장

airport

meet at the **airport** 공항에서 만나다

0303 **tent** [tent]
천막, 텐트

tent

pitch a **tent** 텐트를 치다

0304 **stage** [steidʒ]
무대, 스테이지

stage

dance on the **stage** 무대에서 춤추다

0305 **Christmas** [krísməs]
크리스마스, 성탄절

Christmas

a **Christmas** present 크리스마스 선물

0306 **science** [sáiəns]
과학

science

a teacher of **science** 과학 선생님

0307 **subway** [sʌ́bwei]
《미》지하철; 《영》지하도

subway

take a **subway** 지하철을 타다

0308 **sightseeing** [sáitsìːiŋ]
관광, 구경

sightseeing

a **sightseeing** bus 관광버스

0309 **magazine** [mæ̀gəzíːn]
잡지

magazine

a weekly **magazine** 주간지

He is my _____.
그는 나의 이웃이다.

Pollution is our _____.
공해는 우리의 적이다.

Do you know where the _____ is?
공항이 어디에 있는지 아십니까?

We spent the night in a _____.
우리는 그 밤을 천막 속에서 보냈다.

She appeared on the _____.
그녀가 무대 위에 모습을 드러냈다.

Merry _____!
즐거운 성탄절 되세요!

We study _____ at school.
우리는 학교에서 과학을 공부한다.

I met him at a _____ station.
나는 그를 지하철역에서 만났다.

We went _____ to Niagara Falls.
우리는 나이아가라 폭포에 관광을 갔다.

He is reading a _____.
그는 잡지를 읽고 있다.

71

| 0310 | **flag** [flæg] | flag |
| | 기, 깃발 | put up a **flag** 깃발을 걸다 |

| 0311 | **wood** [wud] | wood |
| | 나무, 목재 | cut **wood** 나무를 자르다 |

| 0312 | **emotion** [imóuʃən] | emotion |
| | 감정; 감동 | show **emotion** 감정을 드러내다 |

| 0313 | **greeting** [grí:tiŋ] | greeting |
| | 인사 | exchange **greetings** 인사를 주고받다 |

| 0314 | **law** [lɔ:] | law |
| | 법, 법률 | labor **law** 노동법 |

| 0315 | **partner** [pá:rtnər] | partner |
| | (함께 활동하는) 상대; 파트너 | help the **partner** 파트너를 돕다 |

| 0316 | **passport** [pǽspɔ̀:rt] | passport |
| | 여권; 패스포트 | show the **passport** 여권을 보이다 |

| 0317 | **sunshine** [sʌ́nʃàin] | sunshine |
| | 햇빛, 양지 | warm **sunshine** 따뜻한 햇볕 |

| 0318 | **success** [səksés] | success |
| | 성공 | great **success** 대성공 |

| 0319 | **gift** [gift] | gift |
| | 선물 | a birthday **gift** 생일 선물 |

Every country has its own national _____.
모든 나라는 각각의 국기를 갖고 있다.

The box is made of _____.
그 상자는 나무로 만들어졌다.

Sometimes my _____ win over my judgement.
때로는 감정이 앞선다.

She gave me a friendly _____.
그녀는 나에게 다정한 인사를 했다.

She is learned in the _____.
그녀는 법률에 박식하다.

Let's draw the _____.
파트너를 제비뽑기로 정해요.

I lost my _____.
여권을 잃어버렸다.

The children are playing in the _____.
어린이들은 햇빛에서 놀고 있다.

He is sure of _____.
그는 자신의 성공을 확신한다.

This watch is a _____ from my grandmother.
이 시계는 할머니께서 주신 선물이다.

| 0320 | **garbage** [gáːrbidʒ] | garbage |
| | 쓰레기 | collect the **garbage** 쓰레기를 수거하다 |

| 0321 | **race** [reis] | race |
| | 경주, 레이스 | a boat **race** 보트 경주 |

| 0322 | **rule** [ruːl] | rule |
| | 규칙 | make **rules** 규칙을 정하다 |

| 0323 | **meaning** [míːniŋ] | meaning |
| | 의미, 뜻 | understand the **meaning** 뜻을 이해하다 |

| 0324 | **health** [helθ] | health |
| | 건강 | keep one's **health** 건강을 유지하다 |

| 0325 | **tooth** [tuːθ] | tooth |
| | 이 〈복수〉 teeth | brush one's **tooth** 이를 닦다 |

| 0326 | **telegram** [téləgræm] | telegram |
| | 전보 | send a **telegram** 전보를 치다 |

| 0327 | **luck** [lʌk] | luck |
| | 행운, 운수 | wish you **luck** 네 행운을 빌다 |

| 0328 | **example** [igzǽmpl] | example |
| | 보기, 예; 견본 | show an **example** 본을 보이다 |

| 0329 | **memory** [méməri] | memory |
| | 1. 기억(력) 2. 추억 | a good **memory** 좋은 기억 |

I put the _____ in the trash can.
나는 쓰레기를 휴지통에 버렸다.

I was last in the _____.
나는 달리기에서 꼴찌로 들어왔다.

He broke the _____ .
그는 규칙을 어겼다.

What is the _____ of this sentence?
이 문장의 뜻이 무엇입니까?

He is in good _____.
그는 건강하다.

The dentist pulled my _____.
치과의사가 내 이를 뽑았다.

How much does the _____ cost?
전보료는 얼마입니까?

Good _____ to you!
행운을 빕니다!

He gave them a good _____.
그는 그들에게 좋은 예를 보여 주었다.

I have happy _____ of my school days.
나는 학창 시절의 즐거운 추억이 있다.

75

0330 **schedule** [skédʒuːl]
시간표, 예정표; 스케줄

schedule

check one's **schedule** 스케줄을 확인하다

0331 **discussion** [diskʌʃən]
논의, 토의, 토론

discussion

a long **discussion** 긴 토론

0332 **gesture** [dʒéstʃər]
몸짓, 손짓, 제스처

gesture

an angry **gesture** 화난 몸짓

0333 **headache** [hédèik]
두통

headache

a slight **headache** 가벼운 두통

0334 **joy** [dʒɔi]
기쁨

joy

a great **joy** 커다란 기쁨

0335 **bottle** [bátl/bɔ́tl]
병

bottle

a **bottle** of milk 우유 한 병

0336 **camp** [kæmp]
야영, 캠프

camp

a ski-**camp** 스키캠프

0337 **screen** [skriːn]
〈영화〉 스크린, 〈텔레비전〉 화면

screen

screen editing 화면 편집

0338 **activity** [æktívəti]
활동

activity

club **activities** 클럽 활동

0339 **shoe** [ʃuː]
〈보통 shoes로〉 구두, 신

shoe

wear **shoes** 구두를 신다

This is our class _____.

이것은 우리 반의 수업 시간표이다.

We had a heated _____ on the subject.

우리는 그 문제에 관하여 맹렬한 토론을 했다.

He made the _____ of a monkey.

그는 원숭이 흉내를 냈다.

I have a bad _____ today.

나는 오늘 두통이 심하다.

He jumped up with _____.

그는 기뻐서 깡충 뛰었다.

There is an empty _____ in the kitchen.

부엌에는 빈 병이 있다.

It was a really interesting _____.

정말 재미있는 캠프였다.

The _____ is fuzzy.

화면이 흔들린다.

After school, I take part in extracurricular _____.

나는 방과 후 특별 활동에 참여한다.

Mother bought me a pair of new _____.

어머니께서는 나에게 새 구두를 한 켤레 사 주셨다.

0340	**tear** [tíə:r] 눈물	tear **tears** of joy 기쁨의 눈물

0341	**title** [táitl] 제목, 표제, 타이틀	title the **title** of the song 그 노래의 제목

0342	**beginning** [bigíniŋ] 시작, 시초 🔄 end	beginning the **beginning** of March 3월 초

0343	**center** [séntər] 중앙, 중심	center the **center** of a city 도시의 중심

0344	**bottom** [bátəm/bɔ́təm] 아랫부분, 밑바닥 🔄 top	bottom **bottom** of a river 강바닥

0345	**size** [saiz] 크기; 치수, 사이즈	size the **size** of the window 창문의 크기

0346	**reason** [ríːzn] 이유, 원인, 까닭	reason the **reason** for his success 그의 성공 이유

0347	**purpose** [pə́ːrpəs] 목적, 의도	purpose the **purpose** of visit 방문 목적

0348	**silence** [sáiləns] 침묵; 잠잠함	silence keep **silence** 침묵을 지키다

0349	**contact** [kántækt] 접촉, 연락; 교제	contact the **contact** between them 그들 사이의 접촉

_____ fell down from her eyes.

그녀의 눈에서 눈물이 떨어졌다.

What is the _____ of the book you are reading?

당신이 읽고 있는 책의 제목은 무엇입니까?

A good _____ makes a good ending.

시작이 좋으면 끝도 좋다.

I put the vase in the _____ of the table.

나는 탁자 중앙에 그 꽃병을 놓았다.

Look at the _____ of page 40.

40페이지의 아랫부분을 보시오.

These two caps are of the same _____.

이 두 개의 모자는 같은 크기이다.

She suddenly left without any _____.

그녀는 별 이유 없이 갑자기 떠났다.

What is the _____ of studying English?

영어를 공부하는 목적은 무엇입니까?

They kept _____.

그들은 침묵을 지켰다.

Is there any way I can _____ you later?

나중에 연락할 수 없을까요?

79

0350	**spaceship** [spéisʃip] 우주선	spaceship a **spaceship** to the moon 달에 가는 우주선
0351	**design** [dizáin] 디자인, 도안	design a **design** of roses 장미꽃 무늬의 도안
0352	**type** [taip] 타입; 종류	type a new **type** of car 신형 자동차
0353	**neck** [nek] 목	neck a short **neck** 짧은 목
0354	**shoulder** [ʃóuldər] 어깨	shoulder broad **shoulders** 넓은 어깨
0355	**coat** [kout] 외투, 코트	coat a winter **coat** 겨울용 외투
0356	**exam** [igzǽm] 시험 〈examination의 줄임말〉	exam an English **exam** 영어 시험
0357	**cloth** [klɔ(:)θ/klɑθ] 천, 직물	cloth clean **cloth** 깨끗한 천
0358	**address** [ədrés/ædrés] 주소	address a new **address** 새로운 주소
0359	**musician** [mjuːzíʃən] 음악가	musician a great **musician** 위대한 음악가

The _____ went out of orbit.
우주선이 궤도 밖으로 나갔다.

Do you have any other _____?
다른 디자인이 있습니까?

We see different _____ of airplanes at the airport.
공항에서는 여러 종류의 비행기를 보게 된다.

The giraffe has a long _____.
기린은 긴 목을 가지고 있다.

He has a gun on his _____.
그는 어깨에 총을 메고 있다.

She wears a warm _____ over her dress.
그녀는 드레스 위에 따뜻한 외투를 입고 있다.

I studied for an _____.
나는 시험에 대비하여 공부를 했다.

Mother bought a yard of _____.
어머니는 1야드의 천을 샀다.

What is your _____ _____?
주소가 어떻게 됩니까?

He is a famous _____.
그는 유명한 음악가이다.

0360 **death** [deθ]
죽음, 사망 🔄 birth

death

a hero's **death** 영웅의 죽음

0361 **government**
[gʌ́vərnmənt] 정부

government

the **Government** of Korea 한국 정부

0362 **continent** [kɑ́ntinənt]
대륙

continent

the European **continent** 유럽 대륙

0363 **hospital** [hɑ́spitl]
병원

hospital

go to the **hospital** 병원에 가다

0364 **post office**
[póust ɔ̀(:)fis]
우체국

post office

the way to the **post office** 우체국에 가는 길

0365 **wing** [wiŋ]
날개

wing

spread a **wing** 날개를 펴다

0366 **drum** [drʌm]
북, 드럼

drum

beat a **drum** 드럼을 치다

0367 **basket** [bǽskit]
바구니

basket

carry a **basket** 바구니를 운반하다

0368 **stamp** [stæmp]
우표

stamp

put a **stamp** 우표를 붙이다

0369 **balloon** [bəlúːn]
풍선; 기구

balloon

blow up a **balloon** 풍선을 불다

She is facing _____.
그녀는 죽음에 직면하고 있다.

My father works for the _____.
내 아버지는 공무원이시다.

The Pacific is bigger than the _____ of Asia.
태평양은 아시아 대륙보다 더 크다.

Mom took me to the _____.
엄마는 나를 데리고 병원에 갔다.

Do you know where the _____ is?
우체국이 어디에 있는지 아십니까?

Birds have _____.
새들은 날개를 가지고 있다.

Fred is playing his _____.
프레드는 드럼을 치고 있다.

Some fruits are in the _____.
약간의 과일이 바구니 안에 있다.

I am collecting _____.
나는 우표를 수집하고 있다.

Air leaked out of the _____.
풍선에서 공기가 빠져나갔다.

| 0370 | **branch** [bræntʃ] 나뭇가지 | branch
break a **branch** 나뭇가지를 꺾다 |

0370 **branch** [bræntʃ]
나뭇가지

branch
break a **branch** 나뭇가지를 꺾다

0371 **knife** [naif]
칼

knife
cut with a **knife** 칼로 자르다

0372 **fork** [fɔːrk]
포크

fork
eat with a **fork** 포크로 먹다

0373 **brush** [brʌʃ]
솔, 붓, 브러시

brush
paint with a **brush** 붓으로 페인트를 칠하다

0374 **pain** [pein]
아픔, 고통

pain
cry with **pain** 고통으로 소리치다

0375 **apartment** [əpáːrtmənt]
아파트

apartment
a new **apartment** 새 아파트

0376 **hometown** [houmtàun]
고향

hometown
return to my **hometown** 나의 고향으로 돌아가다

0377 **hall** [hɔːl]
홀, 강당

hall
a large **hall** 큰 홀

0378 **shirt** [ʃəːrt]
셔츠, 와이셔츠

shirt
a gray **shirt** 회색 셔츠

0379 **skirt** [skəːrt]
스커트, 치마

skirt
a short **skirt** 짧은 치마

Two birds are sitting on the _____.
두 마리의 새가 나뭇가지 위에 앉아 있다.

We cut the cake with a _____.
우리는 칼로 케이크를 자른다.

They use a _____ and spoon to eat.
그들은 먹는 데 포크와 숟가락을 사용한다.

I bought a _____.
나는 칫솔을 샀다.

I feel _____ in my hand.
손이 아프다.

Have you found a new _____?
새 아파트 구했어요?

Where is your _____?
고향이 어디신가요?

There are many students in the _____.
강당에 많은 학생들이 있다.

I like this _____.
나는 이 셔츠가 마음에 든다.

She wears a sweater and a _____.
그녀는 스웨터와 스커트를 입고 있다.

| 0380 | **foreigner** [fɔ́(ː)rinər]
외국인, 외국사람 | *foreigner*
a tall **foreigner** 키가 큰 외국인 |

| 0381 | **soldier** [sóuldʒər]
군인, 병사 | *soldier*
a brave **soldier** 용감한 군인 |

| 0382 | **farmer** [fáːrmər]
농부 | *farmer*
become a **farmer** 농부가 되다 |

| 0383 | **clerk** [kləːrk/klɑːrk]
사무원; 《미》점원 | *clerk*
a young **clerk** 젊은 사무원 |

| 0384 | **department store** [dipáːrtmənt stɔːr]
백화점 | *department store*
a big **department store** 큰 백화점 |

| 0385 | **zoo** [zuː]
동물원 | *zoo*
wild animals in the **zoo** 동물원의 야생 동물들 |

| 0386 | **cage** [keidʒ]
새장, (동물의) 우리 | *cage*
a bird in a **cage** 새장 속의 새 |

| 0387 | **pet** [pet]
애완동물 | *pet*
a cute **pet** 귀여운 애완동물 |

| 0388 | **elementary school** [èləméntəri skuːl]
초등학교 《영》primary school | *elementary school*
go to **elementary school** 초등학교에 다니다 |

| 0389 | **movement** [múːvmənt]
운동, 움직임, 동작 | *movement*
a quick **movement** 민첩한 움직임 |

Do you know who that _____ is?
저 외국인이 누구인지 아십니까?

The _____ will fight bravely.
군인들은 용감히 싸울 것이다.

A _____ gets up early in the morning.
농부는 아침 일찍 일어난다.

My sister is a _____.
나의 누이는 사무원이다.

I went shopping in the _____ _____.
나는 백화점에서 쇼핑을 했다.

We went to the _____ last Sunday.
우리는 지난 일요일에 동물원에 갔다.

There is a beautiful canary in the _____.
아름다운 카나리아가 새장에 있다.

Her _____ hasn't got feathers.
그녀의 애완동물은 깃털이 없다.

He goes to _____ _____.
그는 초등학교에 다닌다.

He took part in the _____.
그는 그 운동에 참가했다.

| 0390 | **tape** [teip]
(접착용) 테이프, (녹음) 테이프 | tape
a blank **tape** 공테이프 |

| 0391 | **truck** [trʌk]
트럭, 화물차 | truck
drive a **truck** 트럭을 운전하다 |

| 0392 | **suitcase** [súːtkèis]
여행가방 | suitcase
a heavy **suitcase** 무거운 가방 |

| 0393 | **castle** [kǽsl/káːsl]
성, 성채 | castle
an old **castle** 오래된 성 |

| 0394 | **telephone** [téləfòun]
전화; 전화기 | telephone
answer the **telephone** 전화를 받다 |

| 0395 | **lamp** [læmp]
등, 램프 | lamp
turn on the **lamp** 램프를 켜다 |

| 0396 | **factory** [fǽktəri]
공장 | factory
work in a **factory** 공장에서 일하다 |

| 0397 | **university**
[jùːnəvə́ːrsəti] 대학, 종합대학 | university
study at **university** 대학에서 공부하다 |

| 0398 | **field** [fiːld]
들, 밭, 들판 | field
play in the green **field** 풀밭에서 놀다 |

| 0399 | **pool** [puːl]
1. 수영장 2. 못, 웅덩이 | pool
swim in the **pool** 풀에서 수영하다 |

I'm copying my friend's English _____.

나는 친구의 영어 테이프를 복사하고 있다.

Vegetables are carried to the market on _____.

야채는 트럭으로 시장에 운반된다.

He put a label on his _____.

그는 여행가방에 꼬리표를 붙였다.

The _____ stands on the hill.

성은 언덕 위에 서 있다.

There is a _____ on the table.

탁자 위에 전화기가 있다.

She turned on the _____ beside the bed.

그녀는 침대 옆에 있는 램프를 켰다.

My father works in that car _____.

아버지는 저 자동차 공장에서 일하신다.

My brother goes to the _____.

내 형은 대학교에 다닌다.

Cows are eating grass in the _____.

소들이 들에서 풀을 먹고 있다.

Where is the swimming _____?

수영장이 어디에 있지?

0400	**stair** [stɛər] (보통 stairs로) 계단	stair go up the **stairs** 계단을 오르다

0401 **church** [tʃəːrtʃ]
교회, 예배(당)

church
be in **church** 예배 중이다

0402 **pond** [pɑnd/pɔnd]
연못

pond
a deep **pond** 깊은 연못

0403 **desert** [dézərt]
사막, 거친 불모의 땅 〈발음 주의〉

desert
the Sahara **Desert** 사하라 사막

0404 **adventure** [ædvéntʃər]
모험; 뜻하지 않은 일

adventure
a story of **adventure** 모험 소설

0405 **bedroom** [bédrùːm]
침실

bedroom
a quiet **bedroom** 조용한 침실

0406 **leaf** [liːf]
잎, 나뭇잎 〈복수〉 leaves

leaf
a green **leaf** 푸른 잎

0407 **film** [film]
1. 필름 2. 영화

film
a color **film** 컬러 필름

0408 **contest** [kántest/kɔ́ntest]
대회, 콘테스트; 경쟁

contest
a dance **contest** 댄스 경연대회

0409 **program** [próugræm]
프로그램

program
a TV **program** 텔레비전 프로그램

Please, go down the _____.
계단 아래로 내려가세요.

They go to _____ on Sunday.
그들은 일요일에 교회에 간다.

They have a _____ in the garden.
그들은 정원에 연못을 갖고 있다.

A _____ lacks water.
사막에는 물이 없다.

He had many _____ in Africa.
그는 아프리카에서 많은 모험을 했다.

I want a _____ to myself.
나 혼자서 쓸 침실이 필요하다.

The trees will soon be in _____.
나무들은 곧 푸른 잎이 무성할 것이다.

Shall we go and see a _____?
우리 영화 보러 가지 않을래?

He won the swimming _____.
그는 수영 대회에서 우승했다.

I installed a new _____ on the computer.
컴퓨터에 새로운 프로그램을 설치했다.

0410 **coach** [koutʃ] (운동 경기의) 코치	coach a baseball **coach** 야구 코치
0411 **bank** [bæŋk] 은행	bank work at a **bank** 은행에서 일하다
0412 **dining room** [dáiniŋ ruːm] (가정·호텔의) 식당	dining room eat in the **dining room** 식당에서 먹다
0413 **food** [fuːd] 음식, 먹을 것	food delicious **food** 맛있는 음식
0414 **ice** [ais] 얼음	ice cold **ice** 차가운 얼음
0415 **smoke** [smouk] 연기	smoke black **smoke** 검은 연기
0416 **speed** [spiːd] 속력, 속도	speed top **speed** 최고 속도
0417 **power** [páuər] 힘	power strong **power** 강한 힘
0418 **energy** [énərdʒi] 힘, 활력, 에너지	energy solar **energy** 태양 에너지
0419 **skin** [skin] 1. 피부 2. (동물의) 가죽, (씨 등의) 껍질	skin a thin **skin** 얇은 껍질

Where's the _____ ?

코치는 어디에 있지요?

You can save your money in the _____ .

너는 은행에 너의 돈을 저금할 수 있다.

Where is the _____ ?

식당은 어디에 있습니까?

Rice, meat and vegetables are different kinds of _____ .

밥, 고기, 야채는 다른 종류의 음식이다.

Water changes into _____ when it is cold.

날씨가 추울 때 물은 얼음으로 변한다.

White _____ is pouring out of a chimney.

흰 연기가 굴뚝에서 나오고 있다.

The car ran at a _____ of 60 kilometers per hour.

차는 시속 60킬로의 속도로 달렸다.

They lost the _____ to walk.

그들은 걸을 힘을 잃었다.

He is full of _____ .

그는 활력이 넘쳐흐른다.

She has beautiful _____ .

그녀는 피부가 아름답다.

93

0420 **lip** [lip]
입술

lip

red **lips** 빨간 입술

0421 **glove** [glʌv]
장갑

glove

put on **gloves** 장갑을 끼다

0422 **business** [bíznis]
1. 사업, 장사 2. 일, 업무

business

a man of **business** 사업가

0423 **character** [kǽriktər]
성격, 성질

character

a good **character** 좋은 성격

0424 **manner** [mǽnəːr]
1. 태도, 모양 2. 예의범절

manner

a friendly **manner** 우호적인 태도

0425 **pilot** [páilət]
조종사, 파일럿

pilot

an old **pilot** 나이든 조종사

0426 **fool** [fuːl]
바보

fool

a big **fool** 심한 바보

0427 **form** [fɔːrm]
1. 형태, 꼴, 모습 2. 형식, 방식

form

a simple **form** 단순한 형태

0428 **period** [píəriəd]
1. 기간, 시기 2. 수업시간

period

a short **period** 짧은 기간

0429 **event** [ivént]
사건, 행사

event

a big **event** 큰 사건[행사]

He fell down and cut his _____.
그는 넘어져서 입술이 찢어졌다.

Who is the boy in _____?
장갑을 끼고 있는 소년은 누구니?

He is a man of _____.
그는 사업가이다.

Hamlet is a _____ in the play.
햄릿은 연극 속의 인물이다.

She has good table _____.
그녀는 식사 예절이 훌륭하다.

I want to be a _____.
나는 조종사가 되고 싶다.

He must be a _____ to do such a thing.
그런 짓을 하다니 그는 바보임에 틀림없다.

His pitching _____ is excellent.
그의 투구 폼은 훌륭하다.

He stayed there for a short _____.
그는 잠시 동안 그곳에 머물렀다.

The Olympics are a great _____.
올림픽은 큰 행사이다.

0430	**racket** [rǽkit]	racket
	(테니스·배드민턴 등의) 라켓	a tennis **racket** 테니스 라켓

0431	**grade** [greid]	grade
	1. 학년 2. 성적, 평점	a low **grade** 낮은 성적

0432	**elevator** [éləvèitər]	elevator
	《미》엘리베이터, 승강기 《영》lift	take an **elevator** 엘리베이터를 타다

0433	**grass** [grǽs/grάːs]	grass
	1. 풀, 잔디 2. 잔디밭	cut **grass** 풀을 베다

0434	**curtain** [kɔ́ːrtən]	curtain
	커튼, (무대의) 막	draw the **curtain** 커튼을 치다

0435	**beef** [biːf]	beef
	쇠고기	cook **beef** 쇠고기를 요리하다

0436	**hobby** [hάbi/hɔ́bi]	hobby
	취미	an expensive **hobby** 돈이 많이 드는 취미

We play tennis with a _____ and a ball.
우리들은 라켓과 공으로 테니스를 친다.

They are pupils of the seventh _____.
그들은 7학년[중학 1학년]이다.

Is this _____ going up or down?
이 엘리베이터 올라갑니까, 내려갑니까?

The field is covered with _____.
들판은 풀로 덮여 있다.

The child hid himself behind the _____.
그 아이는 커튼 뒤에 숨었다.

She bought some bread and _____ at the store.
그녀는 가게에서 약간의 빵과 쇠고기를 샀다.

What is your _____?
당신의 취미는 무엇입니까?

0437	**gold** [gould] 금, 황금	gold a **gold** watch 금시계
0438	**diamond** [dáiəmənd] 다이아몬드	diamond a **diamond** ring 다이아몬드 반지
0439	**homeroom** [hóumrù(:)m] 홈룸, 조례	homeroom a new **homeroom** teacher 새 담임선생님
0440	**friendship** [fréndʃip] 우정, 친교	friendship **friendship** between you and me 너와 나의 우정
0441	**skill** [skil] 솜씨, 숙련; 기술	skill **skill** in baseball 야구 실력
0442	**tourist** [túərist] 관광객, 여행자	tourist a **tourist** in Seoul 서울 관광객
0443	**path** [pæθ/pɑːθ] 작은 길; 통로	path a **path** through the woods 숲속의 오솔길
0444	**half** [hæf/hɑːf] 1. 절반 2. (시각의) 반, 30분	half a **half** of an apple 사과 반 조각
0445	**part** [pɑːrt] 부분; 일부 ⊕ whole	part a **part** of the apple pie 애플파이의 한 부분
0446	**group** [gruːp] 무리, 모임	group a **group** tour 단체 여행

There were several _____ bars in the pond.
그 연못 안에는 금덩이가 여럿 있었다.

A _____ is an expensive jewel.
다이아몬드는 값비싼 보석이다.

My _____ teacher let us go early.
우리 담임선생님이 일찍 끝내 주셨다.

I hope our _____ will last forever.
우리들의 우정이 영원히 계속되기를 바란다.

John has great _____ in baseball.
존은 야구에 대단한 솜씨를 지녔다.

I'm a _____.
나는 관광객입니다.

I walked up the _____ through the woods.
나는 숲 속의 오솔길을 걸어 올라갔다.

Would you like _____ of this apple?
사과 반 쪽 드실래요?

Mary cut the cake into four _____.
메리는 케이크를 네 부분으로 잘랐다.

A _____ of children were playing in the garden.
한 무리의 어린이들이 뜰에서 놀고 있었다.

0447 **care** [kɛər]
1. 조심, 주의 2. 돌봄, 보호

care

the **care** of a baby 아기 돌봄

0448 **speaker** [spíːkər]
1. 말하는 사람; 연설자
2. 스피커; 확성기

speaker

a good **speaker** 말을 잘하는 사람

0449 **dollar** [dálər/dɔ́lər]
달러 〈미국 · 캐나다 등의 화폐 단위〉

dollar

spend one hundred **dollars** 100달러를 쓰다

0450 **cent** [sent]
센트 〈1달러의 100분의 1〉

cent

cost fifty **cents** 50센트 들다

0451 **meter** [míːtər]
미터

meter

run a hundred **meters** 100미터를 달리다

0452 **mile** [mail]
마일 〈길이의 단위, 약 1,609m〉

mile

walk ten **miles** 10마일을 걷다

0453 **inch** [intʃ]
인치 〈길이의 단위, 약 2.5cm〉

inch

ice three **inches** thick 3인치 두께의 얼음

0454 **ton** [tʌn]
톤 〈무게의 단위, 1톤은 1000kg〉

ton

three **tons** of water 3톤의 물

0455 **pound** [paund]
1. 파운드 〈무게 단위, 약 454그램〉
2. 영국의 화폐 단위

pound

a **pound** of sugar 1파운드의 설탕

0456 **lot** [lɑt/lɔt]
많음 〈수나 양에 모두 쓰임〉

lot

a **lot** of stamps 많은 우표

He is full of _____.
그는 주의 깊은 사람이다.

I would like to be a good _____.
나는 말을 잘하는 사람이 되고 싶다.

I changed some money for U.S. _____.
돈을 미화로 환전했다.

Please give me ten twenty _____ stamps.
20센트짜리 우표 10장 주세요.

A whale grows to over 30 _____ long.
어떤 고래는 30미터 이상 자란다.

The river is ten _____ long.
그 강은 길이가 10마일이다.

There are twelve _____ to a foot.
1피트는 12인치다.

The ship weighs more than ten thousand _____.
그 배는 무게가 1만 톤 이상 된다.

How many _____ do you weigh?
체중이 몇 파운드나 되십니까?

He knows a _____ about insects.
그는 곤충에 관해서 많은 것을 안다.

0457	**plenty** [plénti]	plenty
	풍부함, 넉넉함	**plenty** of milk 많은 우유

0458	**piece** [piːs]	piece
	조각; 한 개	a **piece** of bread 빵 한 조각

0459	**pair** [pɛər]	pair
	한 쌍	a **pair** of shoes 신발 한 켤레

0460	**sheet** [ʃiːt]	sheet
	1. 시트, 까는 천 2. (종이 등의) 한 장	a **sheet** of paper 종이 한 장

0461	**ink** [iŋk]	ink
	잉크	black **ink** 검정 잉크

0462	**lily** [líli]	lily
	백합(꽃)	a white **lily** 하얀 백합꽃

0463	**blood** [blʌd]	blood
	피, 혈액	red **blood** 붉은 피

0464	**iron** [áiərn]	iron
	1. 철 2. 다리미	melt **iron** 철을 녹이다

0465	**information** [ìnfərméiʃən] 정보	information
		useful **information** 유용한 정보

0466	**communication** [kəmjùːnəkéiʃən] 통신, 전달	communication
		a means of **communication** 통신 기관

I have had _____ .
많이 먹었습니다.

I need a _____ of chalk.
나는 분필 한 자루가 필요하다.

Mother bought me a _____ of shoes.
어머니께서는 나에게 구두를 한 켤레 사주셨다.

She changed the _____ on the bed.
그녀는 침대의 시트를 갈았다.

He is writing with pen and _____ .
그는 펜과 잉크로 쓰고 있다.

A _____ is a pretty flower.
백합은 예쁜 꽃이다.

Have you ever given _____?
너 헌혈 해봤니?

She uses an electric _____ .
그녀는 전기다리미를 쓴다.

I had no _____ about it.
나는 그것에 대해 아무것도 듣지 못했다.

All _____ are still down.
모든 통신은 아직도 두절이다.

0467 **bat** [bæt]
방망이, (야구 등의) 배트

bat

a baseball **bat** 야구 방망이

0468 **calendar** [kǽləndər]
캘린더, 달력

calendar

hang a **calendar** 달력을 걸다

0469 **candle** [kǽndl]
양초

candle

light a **candle** 초에 불을 켜다

0470 **umbrella** [ʌmbrélə]
우산

umbrella

carry an **umbrella** 우산을 들고 다니다

0471 **vase** [veis/veiz]
꽃병

vase

break a **vase** 꽃병을 깨뜨리다

0472 **gate** [geit]
문

gate

open a **gate** 문을 열다

0473 **traffic** [trǽfik]
교통(량), 통행

traffic

a **traffic** accident 교통사고

0474 **marathon** [mǽrəθɑn]
마라톤 경주

marathon

a **marathon** runner 마라톤 선수

0475 **picnic** [píknik]
피크닉, 소풍

picnic

a **picnic** in the park 공원에서의 피크닉

0476 **airplane** [ɛ́ərplèin]
비행기

airplane

an **airplane** for London 런던행 비행기

I have a _____ in my right hand.

나는 오른손에 배트를 가지고 있다.

A big _____ is hanging on the wall.

큰 달력이 벽에 걸려 있다.

She put ten _____ on the birthday cake.

그녀는 생일 케이크 위에 열 개의 초를 꽂았다.

She has an _____ in her hand.

그녀는 손에 우산을 들고 있다.

Mother put the flowers in the _____.

어머니는 꽃병에 꽃을 꽂았다.

A man is standing by the _____.

한 사람이 문 옆에 서 있다.

The _____ lights turned red.

교통 신호등이 빨간색으로 바뀌었다.

He came in second in the _____ race.

그는 마라톤 경주에서 두 번째로 들어왔다.

We went on a _____ last Sunday.

우리는 지난 일요일에 소풍을 갔다.

An _____ is flying in the sky.

비행기가 하늘을 날고 있다.

0477 **quarter** [kwɔ́ːrtər]
4분의 1, 15분

quarter
a **quarter** of a cake 케이크의 4분의 1

0478 **pupil** [pjúːpəl]
학생, 제자 〈보통 초등학생·중학생〉

pupil
the **pupils** of a class 반의 학생들

0479 **front** [frʌnt]
정면, 전방 ❷ back

front
the **front** of a house 집의 정면

0480 **heat** [hiːt]
열, 더위 ❷ cold

heat
the **heat** of the sun 태양열

0481 **capital** [kǽpətl]
수도

capital
the **capital** of Korea 한국의 수도

0482 **interest** [íntərist]
흥미, 관심

interest
show **interest** in it 그것에 관심을 보이다

0483 **attention** [əténʃən]
주의, 주목

attention
pay **attention** to her 그녀에게 주목하다

0484 **birth** [bəːrθ]
출생, 탄생, 태어남

birth
from **birth** to death 태어나서 죽을 때까지

0485 **mathematics**
[mæ̀θəmǽtiks]
수학 (줄여서 math로도 씀)

mathematics
a **mathematics** teacher 수학 교사

0486 **examination**
[igzæ̀mənéiʃən]
시험, 테스트; 검사

examination
pass an **examination** 시험에 합격하다

There is a _____ of an orange left.
오렌지의 4분의 1이 남아 있다.

There are many _____ in our school.
우리 학교에는 많은 학생들이 있다.

There is a garden in _____ of the house.
집 앞에 정원이 있다.

The sun gives us light and _____.
태양은 우리에게 빛과 열을 준다.

Seoul is the _____ of Korea.
서울은 한국의 수도이다.

She has an _____ in collecting stamps.
그녀는 우표 수집에 흥미가 있다.

_____, please!
주목하세요!

The _____ of the princess made the whole nation happy.
공주의 탄생은 전 국민을 기쁘게 했다.

I studied _____ last night.
나는 어젯밤 수학을 공부했다.

We had an English _____ yesterday.
우리는 어제 영어 시험이 있었다.

| 0487 | **square** [skwɛəːr]
정사각형 | square
draw a **square** 정사각형을 그리다 |

0487 **square** [skwɛəːr]
정사각형

square

draw a **square** 정사각형을 그리다

0488 **page** [peidʒ]
페이지, 면, 쪽

page

turn a **page** 페이지를 넘기다

0489 **taxi** [tǽksi]
택시

taxi

go by **taxi** 택시로 가다

0490 **block** [blɑk/blɔk]
1. (나무 · 돌 등의) 덩이
2. 블록(시가의 한 구획)

block

walk two **blocks** 두 블록 걷다

0491 **market** [máːrkit]
시장, 가게

market

shop at the **market** 가게에서 물건을 사다

0492 **company** [kʌ́mpəni]
회사

company

work for a **company** 회사에서 일하다

0493 **coast** [koust]
해안

coast

sail along the **coast** 해안을 따라 항해하다

0494 **soap** [soup]
비누

soap

liquid **soap** 액체 비누

0495 **spoon** [spuːn]
스푼, 숟가락

spoon

eat with a **spoon** 스푼으로 먹다

0496 **pen pal** [pen pæl]
펜팔, 편지 친구

pen pal

write to a **pen pal** 펜팔 친구에게 편지쓰다

A _____ has four equal sides.
정사각형은 네 변이 똑같다.

Open your books to _____ 11.
책의 11페이지를 펴라.

We often use a _____.
우리는 종종 택시를 이용한다.

It's two _____ from here.
여기서 두 블록을 가면 있습니다.

Mother has gone to the _____.
어머니는 시장에 물건 사러 가셨다.

My brother goes to his _____ every day.
형은 매일 회사에 간다.

We drove along the _____.
우리는 해안선을 따라 드라이브했다.

Wash your hands with _____.
비누로 손을 씻어라.

He is eating soup with a _____.
그는 스푼으로 수프를 먹고 있다.

I have a _____.
나는 펜팔 친구가 있다.

0497	**guitar** [gitá:r] 기타	guitar play the **guitar** 기타를 치다
0498	**violin** [vàiəlín] 바이올린	violin an old **violin** 오래된 바이올린
0499	**piano** [piǽnou] 피아노	piano a big **piano** 큰 피아노
0500	**bench** [bentʃ] 벤치, 긴 의자	bench a **bench** in the park 공원의 벤치
0501	**sofa** [sóufə] 소파, 긴 안락 의자	sofa a soft **sofa** 안락한 소파
0502	**pants** [pænts] 바지	pants blue **pants** 청바지
0503	**shower** [ʃáuər] 샤워, 소나기	shower a heavy **shower** 폭우
0504	**vegetable** [védʒətəbəl] 야채, 채소	vegetable grow **vegetables** 채소를 재배하다
0505	**plate** [pleit] 접시	plate a round **plate** 둥근 접시
0506	**painting** [péintiŋ] 그림; 그림 그리기	painting a beautiful **painting** 아름다운 그림

He plays the ＿＿＿＿＿ very well.
그는 기타를 잘 친다.

She played the ＿＿＿＿＿.
그녀는 바이올린을 켰다.

She played the song on the ＿＿＿＿＿.
그녀는 그 노래를 피아노로 연주했다.

There is a ＿＿＿＿＿ under the tree.
나무 아래 벤치가 하나 있다.

This ＿＿＿＿ is really comfortable.
이 소파는 정말 편안하다.

I always wear ＿＿＿＿＿ and a shirt.
나는 항상 바지와 셔츠를 입는다.

I am taking a ＿＿＿＿＿.
나는 샤워를 하고 있다.

These are fresh ＿＿＿＿＿＿.
이것들은 신선한 채소이다.

He looked at the food on his ＿＿＿＿.
그는 그의 접시에 있는 음식을 보았다.

There's a ＿＿＿＿＿＿ on the wall.
벽에 그림이 하나 걸려 있다.

0507	**insect** [ínsekt] 곤충, 벌레	insect a small **insect** 작은 곤충
0508	**cap** [kæp] (테가 없는) 모자	cap a baseball **cap** 야구모자
0509	**pocket** [pákit/pɔ́kit] 주머니, 포켓	pocket a pants **pocket** 바지 주머니
0510	**present** [prézənt] 선물	present a birthday **present** 생일 선물
0511	**pianist** [piǽnist] 피아니스트	pianist a born **pianist** 타고난 피아니스트
0512	**reporter** [ripɔ́ːrtəːr] 보고자; (신문)기자, 통신원	reporter an entertainment **reporter** 연예 기자
0513	**mat** [mæt] 돗자리, 깔개, 매트	mat a door **mat** 현관 매트
0514	**pipe** [paip] 파이프, 관	pipe a long **pipe** 긴 파이프
0515	**playground** [pléigràund] 놀이터	playground a school **playground** 학교 놀이터
0516	**sale** [seil] 판매, 세일	sale car **sale** 자동차 판매

Ants and butterflies are _____.
개미와 나비는 곤충이다.

Tom wears a _____ on his head.
탐은 머리에 모자를 쓰고 있다.

I have some money in my _____
나는 주머니에 약간의 돈이 있다.

Father gave me a Christmas _____.
아버지는 나에게 크리스마스 선물을 주셨다.

She is a famous _____.
그녀는 유명한 피아니스트다.

He is a _____ for the Dong-A Ilbo.
그는 동아일보의 기자이다.

I wiped my shoes on a door _____.
나는 현관의 매트 위에서 신을 닦았다.

Water comes to our houses through long _____.
긴 수도관을 통해 물이 우리집으로 들어온다.

There are many students on the _____.
놀이터에 많은 학생들이 있다.

That department store is having a Christmas _____.
저 백화점은 크리스마스 세일을 하고 있다.

0517	**pot** [pɑt/pɔt] 항아리, 단지, 포트	~~pot~~ juice in a **pot** 포트 속의 주스
0518	**entrance** [éntrəns] 1. 입구 2. 입학	~~entrance~~ the front **entrance** 정면 입구
0519	**nation** [néiʃən] 국가, 국민	~~nation~~ a friendly **nation** 우호국
0520	**soup** [suːp] 수프	~~soup~~ vegetable **soup** 야채 수프
0521	**bookstore** [búkstɔ̀ːr] 서점, 책방	~~bookstore~~ a big **bookstore** 큰 서점
0522	**theater** [θíːətər] 극장, 영화관	~~theater~~ a small **theater** 작은 극장
0523	**runner** [rʌ́nər] 달리는 사람; 경주자	~~runner~~ a fast **runner** 빠른 주자
0524	**worker** [wə́ːrkər] 일하는 사람, 일꾼, 노동자	~~worker~~ a hard **worker** 부지런한 노동자
0525	**poet** [póuit] 시인	~~poet~~ a great **poet** 위대한 시인
0526	**painter** [péintər] 화가; 그림을 그리는 사람	~~painter~~ a water-color **painter** 수채화가

She has a silver _____.
그녀는 은으로 만든 단지를 가지고 있다.

At the _____, I saw two girls.
입구에서 나는 두 소녀를 보았다.

How many _____ are there in the world?
세계에는 몇 개의 국가가 있습니까?

Mother made tomato _____ for me.
어머니는 나에게 토마토 수프를 만들어 주셨다.

There is a _____ near my house.
나의 집 근처에 서점이 하나 있다.

Is there a movie _____ around here?
이 근처에 극장이 있습니까?

He is a very fast _____.
그는 매우 빨리 달리는 사람이다.

The _____ are resting now.
일꾼들은 지금 쉬고 있다.

He is a famous American _____.
그는 유명한 미국 시인이다.

He is a _____ and decorator.
그는 화가이자 장식가이다.

0527	**policeman** [pəlíːsmən] 경찰, 경관 *여자 경찰관은 policewoman	policeman a kind **policeman** 친절한 경찰관
0528	**servant** [sə́ːrvənt] 하인, 부하	servant an old **servant** 나이든 하인
0529	**leader** [líːdər] 지도자, 리더	leader the **leader** of the group 그룹의 리더[지도자]
0530	**riddle** [rídl] 수수께끼	riddle solve a **riddle** 수수께끼를 풀다
0531	**gun** [gʌn] 총, 피스톨	gun shoot a **gun** 총을 쏘다
0532	**novel** [návəl] 소설	novel read a **novel** 소설을 읽다
0533	**television** [téləvìʒən] 텔레비전, TV	television watch **television** 텔레비전을 보다
0534	**fear** [fíər] 1. 무서움, 공포 2. 걱정, 불안	fear feel **fear** 공포를 느끼다
0535	**weight** [weit] 무게, 중량; 체중	weight gain **weight** 체중이 늘다
0536	**truth** [truːθ] 진실, 사실 ❸ lie	truth tell the **truth** 진실을 말하다

The _____ ran after the thief.
경찰은 도둑의 뒤를 쫓았다.

He has two _____.
그는 두 명의 하인이 있다.

He is the _____ of the party.
그는 그 정당의 지도자이다.

He asked a very interesting _____.
그는 퍽 재미있는 수수께끼를 냈다.

He shot a bird with his _____.
그는 총으로 새를 쏘았다.

I am reading a fantasy _____.
난 판타지 소설을 읽고 있다.

He watches _____ every evening.
그는 매일 저녁 텔레비전을 본다.

She cried with _____.
그녀는 무서워서 고함을 질렀다.

What is the _____ of this baggage?
이 짐의 무게는 얼마나 됩니까?

I doubt the _____ of the story.
그 이야기가 사실인지 의심스럽다.

0537 **photo** [fóutou]
사진 〈photograph의 줄임말〉

photo

take her **photo** 그녀의 사진을 찍다

0538 **alphabet** [ǽlfəbèt]
알파벳

alphabet

the Roman **alphabet** 로마자

0539 **trash** [træʃ]
쓰레기, 휴지

trash

throw away **trash** 쓰레기를 버리다

0540 **poster** [póustər]
벽보, 포스터

poster

put up a **poster** 포스터를 붙이다

0541 **knowledge**
[nálidʒ/nɔ́lidʒ] 지식

knowledge

his **knowledge** about science
과학에 관한 그의 지식

0542 **prince** [prins]
왕자

prince

a young **prince** 젊은 왕자

0543 **princess** [prínsis/prinsés]
공주

princess

royal **princess** 왕가의 공주

0544 **flute** [flúːt]
플루트, 피리

flute

play the **flute** 피리를 불다

0545 **bone** [boun]
뼈

bone

a hard **bone** 단단한 뼈

0546 **jewel** [dʒúːəl]
보석

jewel

priceless **jewels** 귀중한 보석

I'll take a _____ of you.
네 사진을 찍어 줄게.

There are 26 letters in the English _____.
영어 알파벳에는 26자가 있다.

Don't burn the _____.
쓰레기를 태우지 마라.

The _____ are fixed on every wall.
벽마다 포스터가 붙어 있다.

He has a good _____ of English.
그는 영어를 잘 알고 있다.

'The Little _____' is very famous.
'어린 왕자'는 매우 유명하다.

The _____ has black hair.
공주의 머리카락은 검은색이다.

Su-mi can play the _____.
수미는 플루트를 연주할 수 있다.

I was cold to the _____.
추위가 뼛속까지 스몄다.

This is a _____ box.
이것은 보석 상자이다.

0547 track [træk]
1. 지나간 자취 2. 철도 선로
3. (경기장의) 트랙, 경주로

track

a long **track** 긴 트랙

0548 key [kiː]
열쇠

key

lose a **key** 열쇠를 잃다

0549 board [bɔːrd]
게시판, 판자

board

a thin **board** 얇은 판자

0550 toy [tɔi]
장난감

toy

a **toy** train 장난감 기차

0551 brick [brik]
벽돌

brick

a wall of **bricks** 벽돌 벽

0552 heaven [hévən]
1. 하늘 2. 천국

heaven

my grandfather in **heaven**
하늘에 계신 할아버지

0553 tower [táuər]
탑, 타워

tower

a tall **tower** 높은 탑

0554 view [vjuː]
전망, 경치

view

a wonderful **view** 멋진 전망

0555 rainbow [réinbòu]
무지개

rainbow

a beautiful **rainbow** 아름다운 무지개

0556 weekend [wíːkènd]
주말

weekend

a nice **weekend** 즐거운 주말

There were tire _____ in the snow.

눈에 바퀴 자국이 있었다.

I lost the _____ yesterday.

나는 어제 열쇠를 잃어버렸다.

We put a picture on the _____.

우리들은 게시판에 그림을 붙였다.

He likes to play with _____.

그는 장난감을 가지고 노는 것을 좋아한다.

Some walls are made of _____.

어떤 벽은 벽돌로 되어 있다.

We see the stars in the _____.

하늘에 별이 보인다.

Have you ever visited the Seoul _____?

서울타워에 가 본적 있니?

My room has a good _____.

내 방은 전망이 좋다.

A _____ has seven colors.

무지개는 일곱 빛깔이다.

What are you going to do this _____?

이번 주말에 뭐 할 거니?

121

| 0557 | **ocean** [óuʃən]
대양; 바다 | ocean
a blue **ocean** 파란 바다 |

| 0558 | **sand** [sænd]
모래 | sand
white **sand** 하얀 모래 |

| 0559 | **hut** [hʌt]
오두막 | hut
an old **hut** 오래된 오두막 |

| 0560 | **storm** [stɔːrm]
폭풍우 | storm
a heavy **storm** 심한 폭풍우 |

| 0561 | **earthquake**
[ə́ːrθkwèik] 지진 | earthquake
a big **earthquake** 대지진 |

| 0562 | **disease** [dizíːz]
병, 질병 | disease
a heart **disease** 심장병 |

| 0563 | **meal** [miːl]
식사 | meal
a delicious **meal** 맛있는 식사 |

| 0564 | **supper** [sʌ́pər]
저녁 식사 | supper
a late **supper** 늦은 저녁 식사 |

| 0565 | **chalk** [tʃɔːk]
분필 | chalk
a white **chalk** 하얀 분필 |

| 0566 | **shadow** [ʃǽdou]
그림자 | shadow
a black **shadow** 검은 그림자 |

We sailed the Indian _____.

우리들은 인도양을 항해했다.

Children like to play with _____.

아이들은 모래를 가지고 놀기를 좋아한다.

He lived alone in this _____.

그는 이 오두막집에서 혼자 살았다.

There was a _____ last night.

어젯밤 폭풍우가 몰아쳤다.

We had an _____ last night.

어젯밤에 지진이 있었다.

I had a skin _____.

나는 피부병에 걸렸다.

I eat three _____ a day.

나는 하루에 세 번 식사를 한다.

_____ is the last meal of the day.

저녁 식사는 하루의 마지막 식사이다.

Our teacher writes with _____.

우리 선생님은 분필로 글을 쓰신다.

Our _____ are on the wall.

우리들의 그림자가 벽에 비치고 있다.

0567 shape [ʃeip]
꼴; 모양

shpae

a round **shape** 둥근 모양

0568 price [prais]
가격, 값

price

a high **price** 높은 가격

0569 suit [suːt]
정장, 양복

suit

a new **suit** 새 양복

0570 figure [fígjər]
몸매; 모습

figure

a fine **figure** of a woman 여인의 아름다운 모습

0571 angel [éindʒəl]
천사

angel

a cute **angel** 귀여운 천사

0572 exercise [éksərsàiz]
1. 운동 2. 연습, 연습문제

exercise

hard **exercise** 심한 연습

0573 fun [fʌn]
장난, 재미, 놀이

fun

great **fun** 커다란 재미

0574 case [keis]
1. 상자, 케이스 2. 경우, 사정

case

in this **case** 이 경우에는

0575 moment [móumənt]
잠시, 잠깐, 순간

moment

for a **moment** 잠깐 동안

0576 ribbon [ríbən]
리본

ribbon

a yellow **ribbon** 노란 리본

The _____ of a ball is round.

공의 모양은 둥글다.

What is the _____ of this book?

이 책의 값은 얼마입니까?

Father has a new _____on.

아버지는 새로 맞춘 신사복을 입고 계신다.

She has a good _____.

그녀는 몸매가 좋다.

She is like an _____.

그녀는 천사 같다.

I have done _____ in English.

나는 영어 연습문제를 풀었다.

We had a lot of _____ at the picnic.

우리는 소풍 가서 아주 재미있게 보냈다.

Grandpa put his glasses in a _____.

할아버지께서는 안경을 안경집에 넣으셨다.

Can I speak to you for a _____?

잠시만 얘기를 해도 되겠습니까?

I tied my hair with a _____.

나는 머리를 리본으로 맸다.

0577	**crowd** [kraud] 군중, 다수	crowd a large **crowd** 많은 군중
0578	**mirror** [mírər] 거울	mirror look in a **mirror** 거울을 보다
0579	**god** [gɑd/gɔd] 신, 하느님	god believe in **God** 신을 믿다
0580	**midnight** [mídnàit] 한밤중	midnight come home at **midnight** 한밤중에 집에 오다
0581	**medicine** [médəsən] 약	medicine a **medicine** for a cold 감기약
0582	**least** [liːst] 최소량, 최소	least at **least** 30 minutes 최소 30분
0583	**fortune** [fɔ́ːrtʃən] (행)운; 큰 돈	fortune bad **fortune** 불운
0584	**note** [nout] (짧은) 쪽지, 기록, 메모	note leave a **note** 쪽지를 남기다
0585	**sir** [səːr] (남자에게) 선생님; 님, 씨	sir **Sir** Isaac 아이삭 경

There were big _____ of people in the theater.
극장 안은 많은 군중으로 가득 차 있었다.

She is looking in the _____.
그녀는 거울을 들여다보고 있다.

Many people believe in _____.
많은 사람들은 신을 믿는다.

Everything is still at _____.
한밤중에는 만물이 고요하다.

I take _____ every day.
나는 매일 약을 먹는다.

I have at _____ one dollar.
나는 적어도 1달러는 가지고 있다.

I had the good _____ to see it.
나는 운 좋게 그것을 보았다.

My mother left a _____ on the table.
어머니는 탁자 위에 쪽지를 남겼다.

_____, may I ask a question?
선생님, 질문해도 됩니까?

명사

최종단어

Part 2

예비 중학생이
꼭 알아야 할
형용사 263

0586 **little** [lítl]
1. 작은 2. 나이 어린

little
a little money 적은 돈

0587 **few** [fjuː]
1. 조금밖에 없는, 거의 없는
2. 조금 있는, 약간 있는

few
few apples 적은 사과

0588 **many** [méni]
(수가) 많은 ⑫ few

many
many friends 많은 친구들

0589 **much** [mʌtʃ]
(양이) 많은 ⑫ little

much
much rain 많은 비

0590 **more** [mɔːr]
(수가) 보다 더 많은

more
more money 많은 돈

0591 **most** [moust]
1. 대부분의
2. (the most로) 가장 많은

most
most people 대부분의 사람들

0592 **both** [bouθ]
양쪽의, 둘 다

both
both countries 두 나라

0593 **some** [sʌm]
1. 약간의, 몇 개의 2. 어떤

some
some apples 몇 개의 사과

0594 **other** [ʌ́ðər]
다른, 그 밖의

other
other people 다른 사람들

0595 **another** [ənʌ́ðər]
1. 또 하나의, 또 한 사람의 2. 다른

another
another cap 다른 모자

They lived in a _____ town.
그들은 작은 마을에 살았다.

_____ people believe in ghosts.
유령을 믿는 사람은 거의 없다.

He has _____ books.
그는 많은 책을 가지고 있다.

There is not _____ wine in the bottle.
병에 포도주가 많지 않다.

She has _____ candy than he does.
그녀가 그보다 캔디를 더 많이 가지고 있다.

_____ shops are closed today.
대부분의 가게가 오늘 문을 닫았다.

_____ of them like swimming.
그들은 둘 다 수영하기를 좋아한다.

I have _____ books.
나는 몇 권의 책을 가지고 있다.

Do you have any _____ questions?
다른 질문이 있습니까?

There is _____ bus.
또 한 대의 버스가 있다.

0596	**all** [ɔːl] 모든, 전부의, 전체의	all **all** boys 모든 소년들
0597	**every** [évri] 모든, 온갖	every once **every** four years 4년마다 한 번씩
0598	**each** [iːʧ] 각각의, 각자의 (다음에 오는 명사는 단수형)	each **each** team 각각의 팀
0599	**only** [óunli] 단 하나의, 단 한 사람의	only the **only** Korean student 단 한 명의 한국 학생
0600	**several** [sévərəl] 몇 개의, 여럿의 ☻ some	several **several** fish 여러 마리의 물고기
0601	**dark** [dɑːrk] 1. 어두운 ☻ light 2. (색이) 짙은 3. (눈이나 머리카락이) 검은	dark a **dark** night 어두운 밤
0602	**clear** [klíər] 1. 맑은, 맑게 갠 2. 분명한	clear a **clear** sky 맑은 하늘
0603	**early** [ə́ːrli] (시간적으로) 이른, 초기의 ☻ late	early an **early** lunch 이른 점심
0604	**good** [gud] 1. 좋은 2. 착한 3. 솜씨 좋은	good a **good** dictionary 좋은 사전
0605	**bad** [bæd] 1. 나쁜, 좋지 않은 2. (병이) 심한	bad a **bad** cold 심한 감기

_____ her dresses are new.

그녀의 모든 드레스는 새 것이다.

_____ player did his best.

모든 선수들은 최선을 다했다.

There are windows on _____ side of a car.

차의 양쪽에는 창문이 있다.

You are the _____ one that I can trust.

내가 믿을 수 있는 사람은 너 하나뿐이다.

He has _____ shirts.

그는 몇 벌의 셔츠가 있다.

It is getting _____.

어두워지고 있다.

The water in the pond is very _____.

연못의 물은 매우 맑다.

He is an _____ riser.

그는 일찍 일어난다.

Did you have a _____ time?

너는 좋은 시간을 보냈니?

It is _____ weather.

날씨가 나쁘다.

0606 **old** [ould]
1. 늙은 ⑮ young 2. 낡은, 오랜
⑮ new 3. ~살[나이]

old

an **old** coat 헌옷

0607 **new** [njuː]
새로운, 새 것의

new

a **new** address 새로운 주소

0608 **beautiful** [bjúːtəfəl]
1. 아름다운 2. 멋진

beautiful

a **beautiful** girl 아름다운 소녀

0609 **wonderful** [wʌ́ndərfəl]
훌륭한, 멋진; 놀라운, 이상한

wonderful

a **wonderful** story 놀라운 이야기

0610 **young** [jʌŋ]
젊은, 어린

young

a **young** gentleman 젊은 신사

0611 **pretty** [príti]
예쁜, 귀여운

pretty

a **pretty** doll 예쁜 인형

0612 **nice** [nais]
1. 멋진, 좋은 ㈀ good 2. 친절한

nice

a **nice** song 멋진 노래

0613 **cute** [kjuːt]
귀여운, 예쁜 〈비교〉 pretty

cute

a **cute** baby 귀여운 아이

0614 **lovely** [lʌ́vli]
1. 사랑스러운, 귀여운
2. 아주 즐거운

lovely

a **lovely** baby 사랑스런 아기

0615 **important** [impɔ́ːrtənt]
중요한, 귀중한

important

an **important** event 중대 사건

I gave up my seat to an _____ man on the bus.

버스에서 연세가 많으신 분께 자리를 양보했다.

Mother bought me _____ shoes.

어머니는 나에게 새 신발을 사 주셨다.

The rose is a _____ flower.

장미는 아름다운 꽃이다.

We are having a _____ time.

우리는 아주 멋진 시간을 보내고 있다.

He looks _____.

그는 젊어 보인다.

Mother made me a _____ dress.

어머니께서는 나에게 예쁜 드레스를 만들어 주셨다.

She is a _____ woman.

그녀는 좋은 여자다.

The puppy is very _____.

그 강아지는 매우 귀엽다.

She is a _____ girl.

그녀는 사랑스러운 소녀이다.

It is _____ to study hard.

열심히 공부하는 것은 중요하다.

0616 **happy** [hǽpi]
행복한, 기쁜, 즐거운 ⊕ glad

happy

a **happy** story 행복한 이야기

0617 **unhappy** [ʌnhǽpi]
불행한, 슬픈

unhappy

an **unhappy** death 불행한 죽음

0618 **sad** [sæd]
슬픈 ⊛ glad

sad

a **sad** story 슬픈 이야기

0619 **terrible** [térəbl]
1. 끔찍한, 심한 2. 무서운

terrible

a **terrible** war 끔찍한 전쟁

0620 **shy** [ʃai]
수줍어하는, 내성적인

shy

a **shy** boy 수줍어하는 소년

0621 **kind** [kaind]
친절한, 상냥한

kind

a **kind** action 친절한 행위

0622 **comfortable**
[kʌ́mfərtəbl] 안락한, 기분 좋은

comfortable

a **comfortable** living 편한 살림

0623 **gentle** [ʤéntl]
1. 상냥한, 점잖은 2. 조용한

gentle

a **gentle** breeze 부드러운 바람

0624 **polite** [pəláit]
공손한, 정중한, 예의 바른

polite

polite greetings 공손한 인사

0625 **brave** [breiv]
씩씩한, 용감한

brave

a **brave** soldier 용감한 군인

We had a _____ time yesterday.
우리는 어제 즐거운 시간을 보냈다.

She looked _____.
그녀는 불행해 보였다.

I am very _____.
나는 매우 슬프다.

It was a _____ accident.
그것은 끔찍한 사고였다.

The girl was _____ and hid behind her mother.
소녀는 수줍어서 그녀 어머니의 뒤에 숨었다.

He is very _____ to me.
그는 나에게 무척 친절하다.

This sofa is very _____.
이 소파는 아주 안락하다.

She has a _____ heart.
그녀는 상냥한 마음씨를 가졌다.

He is always _____ to everyone.
그는 언제나 모든 사람에게 공손하다.

The hunter is very _____.
그 사냥꾼은 매우 용감하다.

0626 **sorry** [sári/sɔ́ri]
미안한, 유감으로 생각되는

sorry

feel **sorry** about her death
그녀의 죽음을 유감으로 여기다

0627 **lonely** [lóunli]
고독한, 홀로의

lonely

a **lonely** street 쓸쓸한 거리

0628 **high** [hai]
높은 ⑩ low

high

a **high** price 고가

0629 **tall** [tɔːl]
키가 큰, 높은 ⑩ short

tall

a **tall** building 높은 빌딩

0630 **low** [lou]
1. 낮은 2. (값이) 싼 ㉤ cheap
3. 기운 없는, 침울한

low

a very **low** voice 매우 낮은 목소리

0631 **long** [lɔːŋ]
(거리 · 시간이) 긴, 오랜

long

a **long** night 긴 밤

0632 **short** [ʃɔːrt]
짧은, 키가 작은

short

a **short** story 짧은 이야기

0633 **large** [lɑːrdʒ]
큰, 넓은 ㉤ big ⑩ small

large

a **large** house 큰 집

0634 **big** [big]
큰, 거대한 ⑩ small, little

big

a **big** boy (몸집이) 큰 소년

0635 **small** [smɔːl]
작은 ⑩ large, big, great

small

a **small** animal 작은 동물

I am _____, but I can't go there.
미안하지만 나는 거기에 갈 수 없다.

He lived a _____ life.
그는 고독한 일생을 보냈다.

The fence is very _____.
그 담은 아주 높다.

A _____ tree stood on the road.
그 길에는 키 큰 나무가 한 그루 서 있었다.

The fence was very _____.
그 담은 매우 낮았다.

It took a _____ time to finish the homework.
그 숙제를 마치는 데 오랜 시간이 걸렸다.

My pencil is _____.
내 연필은 짧다.

He had _____ black eyes.
그는 크고 검은 눈을 갖고 있었다.

He lives in a _____ house.
그는 큰 집에서 산다.

This cap is _____.
이 모자는 작다.

0636 **huge** [hjúːʤ/hjúːʤ]
거대한, 막대한

huge

a **huge** building 거대한 빌딩

0637 **wide** [waid]
넓은 (반) narrow

wide

a **wide** knowledge of English
영어에 대한 넓은 지식

0638 **narrow** [nǽrou/nǽrəu]
좁은

narrow

a **narrow** river 좁은 강

0639 **deep** [diːp]
깊은 (반) shallow

deep

a **deep** pond 깊은 연못

0640 **sick** [sik]
《미》병든, 아픈 (반) well 《영》ill

sick

a **sick** girl 아픈 소녀

0641 **busy** [bízi]
바쁜 (반) free

busy

a **busy** day 바쁜 하루

0642 **own** [oun]
〈소유격 강조〉 ~자신의

own

my **own** car 내 소유의 차

0643 **favorite** [féivərit]
가장 좋아하는

favorite

my **favorite** movie star 가장 좋아하는 영화배우

0644 **left** [left]
왼쪽의, 왼편의 (반) right

left

my **left** foot 나의 왼발

0645 **last** [læst/lɑːst]
1. 최후의, 마지막의 (반) first
2. 지난

last

last summer 지난 여름

140

An elephant is a _____ animal.
코끼리는 거대한 동물이다.

The world is _____.
세상은 넓다.

This street is _____.
이 거리는 좁다.

The well is very _____.
그 우물은 매우 깊다.

In-ho is very _____
인호는 매우 아프다.

Tom is very _____ now.
탐은 지금 무척 바쁘다.

This is my _____ bicycle.
이것은 내 소유의 자전거이다.

Who is your _____ singer?
가장 좋아하는 가수는 누구니?

She is holding up her _____ hand.
그녀는 왼손을 올리고 있다.

What is the _____ day of a week?
일주일의 마지막 날은 무슨 요일입니까?

| 0646 | **next** [nekst] | next |
| | 1. 다음의 2. 이웃의 | the **next** house 이웃집 |

| 0647 | **whole** [houl] | whole |
| | 모든, 전체의 | a **whole** month 꼬박 한 달 |

| 0648 | **such** [sʌtʃ] | such |
| | 그와 같은, 그런 | **such** a thing 그와 같은 것 |

| 0649 | **near** [níər] | near |
| | 가까운, 근처의 | on a **near** day 가까운 날에[근간에] |

| 0650 | **usual** [júːʒuəl] | usual |
| | 평소의, 보통의 ⊕ unusual | at the **usual** time 평소 시간에 |

| 0651 | **soft** [sɔ(ː)ft/sɑft] | soft |
| | 1. 부드러운, 포근한 ⊕ hard
2. 상냥한, 조용한 | **soft** skin 부드러운 피부 |

| 0652 | **difficult** [dífikʌlt] | difficult |
| | 곤란한, 힘든, 어려운 ⊕ easy | a **difficult** answer 어려운 대답 |

| 0653 | **easy** [íːzi] | easy |
| | 1. 쉬운, 용이한
2. 안락한, 마음 편한 | an **easy** book 쉬운 책 |

| 0654 | **different** [dífərənt] | different |
| | 다른, 딴 ⊕ same | **different** kinds 다른 종류 |

| 0655 | **great** [greit] | great |
| | 1. 큰 2. 굉장한 3. 위대한 | a **great** animal 큰 동물 |

You have to get on the _____ bus.
너는 다음 버스를 타야만 한다.

I want to eat a _____ cake.
케이크를 통째로 다 먹고 싶다.

Don't say _____ a bad word.
그와 같은 나쁜 말은 하지 마라.

My house is _____ here.
나의 집은 여기서 가깝다.

This is the _____ place we meet.
이곳이 평소 우리들이 만나는 장소이다.

I sleep on a _____ bed.
나는 포근한 침대에서 잔다.

I solved the _____ problems.
나는 어려운 문제들을 풀었다.

The problem is very _____.
그 문제는 매우 쉽다.

A tiger is _____ from a lion.
호랑이는 사자와 다르다.

The meeting was a _____ success.
모임은 큰 성공이었다.

| 0656 | **interesting** [íntərèistiŋ]
흥미 있는, 재미있는 | interesting
an **interesting** book 재미있는 책 |

| 0657 | **amazing** [əméiziŋ]
놀랄 만한, 굉장한 | amazing
an **amazing** story 놀라운 이야기 |

| 0658 | **wrong** [rɔːŋ/rɑŋ]
1. 틀린, 잘못된 ⊕ right 2. 나쁜 | wrong
a **wrong** lie 나쁜 거짓말 |

| 0659 | **better** [bétər]
보다 나은 | better
a **better** book 더 좋은 책 |

| 0660 | **best** [best]
가장 좋은 | best
like soccer the **best** 축구를 가장 좋아하다 |

| 0661 | **same** [seim]
같은 ⊕ different | same
the **same** age 같은 나이[동갑] |

| 0662 | **quick** [kwik]
빠른, 급한 ⊕ fast ⊕ slow | quick
a **quick** movement 빠른 동작 |

| 0663 | **useful** [júːsfəl]
쓸모 있는, 유용한, 유익한
⊕ useless | useful
a **useful** animal 유용한 동물 |

| 0664 | **famous** [féiməs]
유명한, 이름난 | famous
famous pictures 유명한 그림 |

| 0665 | **popular** [pápjələr]
1. 인기 있는 2. 대중적인 | popular
popular novels 대중적인 소설 |

형용사

기본단어

The game is very _____.
그 시합은 매우 재미있다.

Everything was just _____.
모든 것이 놀라울 뿐이었다.

You're _____.
네가 틀렸다.

This is _____ than that.
이것이 저것보다 낫다.

She is my _____ friend.
그녀는 나의 가장 좋은 친구이다.

She wears the _____ clothes every day.
그녀는 매일 같은 옷을 입는다.

He is _____ to understand.
그는 이해가 빠르다.

This book is very _____ for mothers.
이 책은 어머니들에게 아주 유용하다.

The singer is _____.
그 가수는 유명하다.

Tom is _____ with children.
탐은 아이들에게 인기가 있다.

0666 **fast** [fæst/fɑːst]
1. 빠른 ⊕ slow
2. 단단한 ⊕ loose

fast
a **fast** airplane 빠른 비행기

0667 **slow** [slou]
1. 느린, 더딘 ⊕ quick
2. (시계 등이) 늦는

slow
a **slow** train 완행열차

0668 **bright** [brait]
1. 밝은, 빛나는 ⊕ dark
2. (빛깔이) 선명한 3. 영리한

bright
a **bright** star 빛나는 별

0669 **special** [spéʃəl]
특별한, 특수한

special
a **special** train 특별 열차

0670 **true** [truː]
1. 진실한, 실제의 2. 충실한

true
true diamond 진짜 다이아몬드

0671 **right** [rait]
오른쪽의, 옳은

right
turn **right** 오른쪽으로 돌다

0672 **dear** [díər]
1. 사랑스러운, 친애하는 2. 귀중한

dear
my **dear** father 나의 사랑하는 아버지

0673 **free** [friː]
1. 자유로운 2. 한가한 ⊕ busy
3. 공짜의, 무료의

free
free time 자유 시간

0674 **late** [leit]
1. 늦은, 지각하여 ⊕ early
2. 최근의

late
a **late** spring 늦봄

0675 **glad** [glæd]
기쁜, 즐거운 ⊕ sad

glad
be **glad** to meet her 그녀를 만나서 기쁘다

He is a _____ runner.
그는 빨리 달린다.

Turtles are _____.
거북이는 느리다.

I enjoyed the _____ sunshine.
나는 밝은 햇빛을 즐겼다.

We eat _____ food on New Year's Day.
우리는 설날에 특별한 음식을 먹는다.

Is it _____ that he is sick?
그가 아프다는 것이 사실입니까?

Raise your _____ hand.
오른손을 들어라.

To my _____ Su-mi.
사랑스러운 수미에게.

Lincoln set the slaves _____.
링컨은 노예를 해방하였다.

Don't be _____ for school.
학교에 지각하지 마라.

I am very _____ that you got well.
병이 나았다니 기쁩니다.

0676 **ready** [rédi]
준비가 된

ready

be **ready** to go to school
학교에 갈 준비가 되어 있다

0677 **angry** [ǽŋgri]
성난, 화가 난

angry

an **angry** gesture 화난 몸짓

0678 **interested** [íntərèstid]
흥미를 가진

interested

be **interested** in music 음악에 흥미를 가지고 있다

0679 **tired** [taiərd]
피곤한, 지친

tired

be **tired** of hearing 듣는 데 지치다

0680 **afraid** [əfréid]
두려워하여, 무서워하여

afraid

be very **afraid** of snakes 뱀을 몹시 무서워하다

0681 **friendly** [fréndli]
친한, 친절한

friendly

a **friendly** match[game] 친선경기

0682 **ill** [il]
1. 병든 ⑩ well 2. 나쁜

ill

be **ill** in bed 아파서 누워 있다

0683 **able** [éibl]
~할 수 있는
〈be able to = can〉; 유능한

able

an **able** teacher 유능한 교사

0684 **fond** [fɑnd/fɔnd]
~을 좋아하여, ~이 좋아서
〈be fond of〉

fond

be **fond** of movies 영화를 좋아하다

Are you _____?
준비되었니?

Mother was _____ with me.
어머니는 나에게 화가 나 있었다.

He is _____ in the study of English.
그는 영어공부에 흥미를 가지고 있다.

I am very _____.
나는 몹시 피곤하다.

Don't be _____ of my dog.
내 개를 무서워하지 마라.

Miss White is very _____.
화이트 양은 매우 친절하다.

At last he became _____.
마침내 그는 병이 났다.

He is _____ to lift the rock.
그는 바위를 들 수 있다.

I am very _____ of swimming.
나는 수영을 대단히 좋아한다.

0685 **hot** [hɑt/hɔt]
더운, 뜨거운 반 cold

hot
hot coffee 뜨거운 커피

0686 **cool** [ku:l]
시원한, 서늘한 반 warm

cool
cool water 시원한 물

0687 **cold** [kould]
추운, 차가운

cold
a **cold** drink 차가운 음료

0688 **fine** [fain]
1. 멋진, 훌륭한, (날씨가) 맑은
2. 건강한

fine
a **fine** view 좋은 경치

0689 **warm** [wɔːrm]
따뜻한

warm
a **warm** day 따뜻한 날

0690 **cloudy** [kláudi]
흐린, 구름이 많이 낀 반 sunny

cloudy
a **cloudy** morning 흐린 아침

0691 **rainy** [réini]
비의, 비가 오는

rainy
rainy clouds 비구름

0692 **snowy** [snóui]
눈이 많은, 눈이 내리는

snowy
a **snowy** evening 눈이 내리는 밤

0693 **sunny** [sʌ́ni]
햇빛의, 맑은; 햇볕이 잘 드는

sunny
a **sunny** room 햇볕이 잘 드는 방

0694 **windy** [wíndi]
바람이 있는, 바람이 부는

windy
a **windy** night 바람이 부는 밤

It is very _____ today.

오늘은 매우 덥다.

It is _____ today.

오늘은 시원하다.

It is very _____ today.

오늘은 매우 춥다.

It is _____ today.

오늘은 날씨가 좋다.

It is _____ today.

오늘은 날씨가 따뜻하다.

It was sunny yesterday but it is _____ today.

어제는 맑았는데 오늘은 흐리다.

I met him on a _____ day.

나는 그를 어느 비가 오는 날에 만났다.

Today will be _____ in many areas.

오늘은 여러 지역에서 눈이 내리겠습니다.

This is a _____ day.

오늘은 화창한 날이다.

It is fine, but very _____ today.

오늘은 맑지만 바람이 많다.

형용사

필수단어

0695	**daily** [déili] 매일의, 나날의	daily the **daily** newspaper 일간 신문
0696	**fair** [fɛər] 1. 공정한 2. 아리따운, 고운 3. (하늘이) 맑은	fair a **fair** manner 공정한 태도
0697	**rich** [ritʃ] 1. 돈 많은, 부자의 2. 풍부한 🖘 poor	rich a **rich** father 부자 아버지
0698	**poor** [puər] 1. 가난한, 불쌍한 2. 빈약한	poor **poor** people 가난한 사람들
0699	**strong** [strɔ(:)ŋ/straŋ] 힘센, 건강한 🖘 weak	strong a **strong** wind 강한 바람
0700	**weak** [wiːk] 약한	weak a **weak** team 약한 팀
0701	**heavy** [hévi] 1. 무거운 🖘 light 2. 심한, 맹렬한	heavy a **heavy** bag 무거운 가방
0702	**light** [lait] 1. 가벼운 2. 밝은 🖘 dark	light a **light** box 가벼운 상자
0703	**safe** [seif] 안전한 🖘 dangerous	safe a **safe** place 안전한 장소
0704	**dangerous** [déindʒərəs] 위험한, 위태로운	dangerous a **dangerous** dog 위험한 개

152

Here he used to live his _____ life.

여기에서 그는 일상적인 삶을 살았었다.

We must play a _____ game.

우리는 공정한 경기를 해야 한다.

His father is very _____.

그의 아버지는 매우 부자이다.

They are very _____.

그들은 매우 가난하다.

A _____ man lifted the heavy load.

힘센 사나이가 그 무거운 짐을 들어올렸다.

She is very _____.

그녀는 몸이 아주 약하다.

The big table is very _____.

그 큰 탁자는 매우 무겁다.

It is not _____ in the winter even at six o'clock.

겨울에는 6시가 되어도 밝지 않다.

It is _____ to play here.

여기에서 놀면 안전하다.

It is _____ to cross that street.

저 길을 건너는 것은 위험하다.

0705	**living** [líviŋ] 살아 있는	living a **living** animal 살아 있는 동물
0706	**dead** [ded] 죽은 (반) living, alive	dead a **dead** bird 죽은 새
0707	**round** [raund] 둥근	round a **round** table 둥근 탁자
0708	**flat** [flæt] 평평한, 납작한	flat a **flat** board 평평한 판자
0709	**smart** [smɑːrt] 재치 있는, 스마트한	smart a **smart** student 재치 있는 학생
0710	**wise** [waiz] 현명한, 슬기로운 (반) foolish	wise a **wise** king 현명한 임금
0711	**foolish** [fúːliʃ] 바보 같은, 멍청이의	foolish a **foolish** boy 어리석은 소년
0712	**clever** [klévər] 영리한, 명석한 (반) foolish	clever a **clever** dog 영리한 개
0713	**cheap** [tʃiːp] (값)싼 (반) expensive	cheap a **cheap** dress 싼 옷
0714	**expensive** [ikspénsiv] (값)비싼	expensive an **expensive** car 비싼 자동차

My pet dog is still _____.
내 애완견은 아직도 살아 있다.

The fish in the bottle was _____.
병 안에 든 물고기는 죽었다.

The earth is _____.
지구는 둥글다.

People believed the earth was _____.
사람들은 지구가 평평하다고 믿었다.

The policeman looks very _____.
그 경찰은 매우 재치 있어 보인다.

He is a _____ man.
그는 현명한 사람이다.

It is _____ to play in the rain.
빗속에서 노는 것은 바보 같은 짓이다.

The boy is very _____.
그 소년은 매우 영리하다.

_____ cars are sold here.
여기서 싼 차를 팔고 있다.

This book is not _____.
이 책은 비싸지 않다.

0715 **thin** [θin]
1. 얇은, 가는 ❷ thick
2. 여윈, 마른 ❷ fat

thin
thin ice 얇은 얼음

0716 **thick** [θik]
1. 두꺼운 2. 진한, 무성한

thick
a **thick** book 두꺼운 책

0717 **dry** [drai]
마른, 건조한 ❷ wet

dry
dry air 건조한 공기

0718 **wet** [wet]
젖은, 축축한

wet
wet with tears 눈물로 젖다

0719 **clean** [kli:n]
깨끗한 ❷ dirty

clean
clean hands 깨끗한 손

0720 **careful** [kéərfəl]
주의 깊은, 조심스러운
❷ careless

careful
careful driving 조심스러운 운전

0721 **exciting** [iksáitiŋ]
흥분시키는, 재미있는

exciting
an **exciting** story 재미있는 이야기

0722 **excited** [iksáitid]
흥분한

excited
an **excited** crowd 흥분한 관중

0723 **quiet** [kwáiət]
조용한 ❷ noisy

quiet
a **quiet** room 조용한 방

0724 **silent** [sáilənt]
조용한, 침묵의

silent
a **silent** forest 조용한 숲

This paper is very _____.
이 종이는 매우 얇다.

A dictionary is very _____.
사전은 매우 두껍다.

It is very _____ today.
오늘은 매우 건조하다.

The grass is _____.
잔디가 젖어 있다.

Keep yourself _____.
몸을 깨끗이 해라.

She is very _____.
그녀는 매우 주의 깊다.

The game was _____.
그 경기는 매우 재미있었다.

Everyone was _____.
모두들 들떠 있었다.

The night was dark and _____.
그날 밤은 어둡고 조용했다.

You must keep _____.
너희들은 조용히 있어야 한다.

0725	**loud** [laud] 큰소리의 ⊕ low	loud a **loud** noise 큰 소음
0726	**wild** [waild] 야생의	wild a **wild** animal 야생 동물
0727	**foreign** [fɔ́(:)rin] 외국의, 외국산의	foreign **foreign** travel 해외 여행
0728	**international** [ìntərnǽʃənəl] 국제적인, 국제간의	international an **international** airport 국제 공항
0729	**comic** [kámik/kɔ́mik] 희극의; 만화의	comic a **comic** actor 희극 배우
0730	**funny** [fʌ́ni] 우스운, 재미있는	funny a **funny** joke 우스운 농담
0731	**perfect** [pə́ːrfikt] 완전한, 완벽한	perpect a **perfect** answer 완벽한 대답
0732	**complete** [kəmplíːt] 완전한; 온전한; 완성한	complete a **complete** set 온전한 세트
0733	**natural** [nǽtʃərəl] 1. 자연의, 천연의 2. 당연한	natural a **natural** poet 타고난 시인
0734	**real** [ríːəl] 실제의, 현실의, 진짜의	real a **real** jewel 진짜 보석

He spoke to me in a _____ voice.

그는 큰소리로 나에게 말했다.

_____ flowers were growing in the garden.

정원에는 야생화가 자라고 있었다.

My brother is learning a _____ language.

내 형은 외국어를 배우고 있다.

English is an _____ language.

영어는 국제어이다.

The _____ book was very funny.

그 만화책은 매우 재미있었다.

This is a _____ story.

이것은 재미있는 이야기이다.

His English paper was _____.

그의 영어 답안은 나무랄 데가 없었다.

I will lend you the _____ works of Shakespeare.

셰익스피어 전집을 빌려 드리겠습니다.

People like to eat _____ food.

사람들은 자연 식품 먹기를 좋아한다.

This is a _____ diamond.

이것은 진짜 다이아몬드이다.

0735 **official** [əfíʃəl]
공무상의, 공적인; 공식의

offical

official duties 공무

0736 **public** [pʌ́blik]
공중의, 공공의; 공립의 ⑬ private

public

a **public** school 공립학교

0737 **peaceful** [píːsfəl]
평화로운, 조용한

peaceful

a **peaceful** life 평화로운 생활

0738 **professional**
[prəféʃənəl] 전문적인

professional

a **professional** school 전문학교

0739 **national** [nǽʃənəl]
국민의, 국가의, 국립의

national

the **national** park 국립공원

0740 **traditional** [trədíʃənəl]
전설의; 전통의, 전통적인

traditional

a **traditional** costume 전통적 의상

0741 **ugly** [ʌ́gli]
추한, 못생긴

ugly

an **ugly** face 못생긴 얼굴

0742 **equal** [íːkwəl]
같은; 평등한

equal

twice 3 is **equal** to 6 3 곱하기 2는 6

0743 **honest** [ánist/ɔ́nist]
정직한, 성실한

honest

an **honest** boy 정직한 소년

0744 **careless** [kéərlis]
부주의한 ⑬ careful

careless

a **careless** driver 부주의한 운전자

The President is in Greece for an _____ two-day visit.
대통령은 지금 이틀간의 공식적 방문차 그리스에 있다.

The _____ library stands in the park.
공립 도서관은 공원에 있다.

It's very _____ here.
여기는 매우 평화롭다.

I watched the _____ baseball game on TV.
나는 TV로 프로야구 경기하는 것을 보았다.

That is the _____ flag of Korea.
저것이 한국의 국기이다.

Where can I see the _____ Korean dresses?
한국의 전통 의상을 어디서 볼 수 있지요?

She looks _____.
그녀는 얼굴이 못생겼다.

We are of _____ weight.
우리는 체중이 같다.

They are _____ students.
그들은 정직한 학생들이다.

Don't make such a _____ mistake again.
그런 부주의한 잘못을 다시 되풀이하지 마라.

161

0745 **dirty** [dɔ́ːrti]
더러운, 불결한 ⑲ clean

dirty

a **dirty** face 더러운 얼굴

0746 **enough** [inʌ́f]
충분한, 넉넉한

enough

enough food 충분한 음식

0747 **fresh** [freʃ]
신선한

fresh

a **fresh** vegetable 신선한 야채

0748 **scared** [skɛəːrd]
무서워하는, 겁먹은

scared

be **scared** at the strange noise
이상한 소리를 듣고 무서워하다

0749 **hungry** [hʌ́ŋgri]
배고픈, 굶주린

hungry

be **hungry** all day 하루 종일 배고프다

0750 **healthy** [hélθi]
건강한, 건강에 좋은

healthy

a **healthy** body 건강한 몸

0751 **strange** [streindʒ]
1. 이상한, 기묘한 2. 낯선

strange

a **strange** sound 이상한 소리

0752 **straight** [streit]
곧은, 똑바른

straight

a **straight** line 직선

0753 **common** [kámən/kɔ́mən]
1. 보통의, 평범한 2. 공통의

common

a **common** friend 보통 친구

0754 **human** [hjúːmən/húːmən]
인간의, 인간적인

human

a **human** voice 인간의 목소리

빈 칸에 알맞은 단어를 넣어 문장을 완성해 보세요.

My feet were _____.
내 발은 더러웠다.

I have _____ money to buy a book.
나는 책을 살 충분한 돈이 있다.

The fruits are _____.
그 과일들은 신선하다.

The poor kid is _____ to come home.
가엾게도 그 아이는 무서워서 집에 돌아오지 못하는 거야.

A baby cries when he is _____.
배가 고프면 아기는 운다.

He is _____.
그는 건강하다.

Her manner is very _____.
그녀의 태도는 아주 이상하다.

She has _____ hair.
그녀는 곧은 머리카락을 가지고 있다.

Snow is _____ in this country.
이 나라에서는 눈이 흔히 온다.

The movie is a touching _____ drama.
그 영화는 감동적인 인간 드라마이다.

| 0755 | **simple** [símpəl]
1. 간단한, 쉬운 2. 소박한, 검소한 | simple
a very **simple** problem 아주 간단한 문제 |

| 0756 | **lucky** [lʌ́ki]
운이 좋은, 행운의 | lucky
a **lucky** boy 운이 좋은 소년 |

| 0757 | **sweet** [swiːt]
1. 단, 달콤한 2. 향기가 좋은 | sweet
a **sweet** cake 단 케이크 |

| 0758 | **delicious** [dilíʃəs]
맛있는, 맛난 | delicious
a **delicious** apple 맛있는 사과 |

| 0759 | **modern** [mádərn]
근대의, 현대적인 ❷ old | modern
modern languages 현대어 |

| 0760 | **lost** [lɔ(ː)st/lɑst]
잃어버린, 없어진 | lost
a **lost** child 잃어버린 아이 |

| 0761 | **electric** [iléktrik]
전기의 | electric
an **electric** heater 전기 히터 |

| 0762 | **serious** [síəriəs]
1. 진지한, 진정한
2. 중대한, (병 등이) 심한 | serious
a **serious** face 심각한 얼굴 |

| 0763 | **correct** [kərékt]
정확한, 옳은 | correct
a **correct** answer 정확한 대답 |

| 0764 | **loose** [luːs]
헐렁한, 느슨한 ❷ tight | loose
a **loose** shirt 헐렁한 셔츠 |

The problem was _____
그 문제는 간단했다.

How _____ you are!
당신은 참으로 운이 좋군요!

She likes _____ tea.
그녀는 달콤한 차를 좋아한다.

Mother cooked _____ food.
어머니는 맛있는 음식을 요리하셨다.

He studies the _____ history of Korea.
그는 한국 근대사를 공부한다.

She often dreams of her _____ son.
그녀는 종종 잃어버린 아들의 꿈을 꾼다.

He played the _____ guitar.
그는 전기 기타를 연주했다.

Are you _____ ?
진심이니?

That clock shows the _____ time.
저 시계는 정확한 시간을 가리킨다.

His coat is too _____ .
그의 코트는 너무 헐렁하다.

0765 **blind** [blaind]
눈먼

blind

a **blind** man 눈먼 사람[장님]

0766 **native** [néitiv]
타고난, 선천적인

native

native ability 타고난 재능

0767 **past** [pæst/pɑːst]
지나간, 과거의

past

past experience 과거 경험

0768 **main** [mein]
으뜸가는, 주요한

main

a **main** event 주요 시합

0769 **asleep** [əslíːp]
잠자는, 자고 있는

asleep

be **asleep** in bed 침대에서 잠들다

0770 **nervous** [nə́ːrvəs]
신경의; 신경질의

nervous

be **nervous** about the exam
시험 때문에 초조하다

0771 **thirsty** [θə́ːrsti]
목마른

thirsty

be **tirsty** after running 달린 뒤 목이 마르다

0772 **proud** [praud]
뽐내는, 자랑으로 여기는

proud

be **proud** of her voice
그녀의 목소리를 자랑으로 여기다

0773 **absent** [ǽbsənt]
결석한, 부재중인 ⊕ present

absent

be **absent** from class 수업을 빠지다

0774 **sure** [ʃuər]
틀림없는, 확실한

sure

be **sure** of his success 그의 성공을 확신하다

After her illness she became _____ .
병을 앓고 난 후 그녀는 장님이 되었다.

The student has a _____ talent in mathematics.
그 학생은 수학에 타고난 재능이 있다.

They have been in Seoul for the _____ five years.
그들은 지난 5년간 서울에 있었다.

This is the _____ street of this town.
이곳이 이 도시의 번화가이다.

He was _____ at that time.
그는 그때 잠자고 있었다.

I am always _____ before giving a speech.
나는 연설 전에는 항상 초조하다.

Have you got any water? I'm very _____ .
물 좀 있니? 목이 몹시 마르다.

She is _____ of her son.
그녀는 아들을 자랑으로 여긴다.

She was _____ from school yesterday.
그녀는 어제 학교를 결석했다.

Are you _____ ?
틀림없니?

0775 **alive** [əláiv]
살아 있는 ⑪ dead

alive

be still **alive** without air 공기 없이 아직 살아 있다

0776 **similar** [símələr]
비슷한, 닮은

similar

similar tastes 비슷한 취향

0777 **certain** [sə́ːrtn]
확실한

certain

be **certain** of winning the game
시합에서 이기리라고 확신하다

0778 **fit** [fit]
적당한, 알맞은

fit

be **fit** for this purpose 이 목적에 맞다

0779 **sleepy** [slíːpi]
졸리는, 졸리는 듯한

sleepy

feel **sleepy** 졸음이 오다

0780 **impossible** [impásəbl]
불가능한 ⑪ possible

impossible

an **impossible** plan 불가능한 계획

0781 **empty** [émpti]
빈 ⑪ full

empty

an **empty** box 빈 상자

0782 **unusual** [ʌnjúːʒuəl]
보통이 아닌, 예외적인 ⑪ usual

unusual

an **unusual** habit 이상한 습관

0783 **various** [véəriəs]
가지각색의, 여러 가지의, 다양한

various

various flowers 여러 가지 꽃

0784 **western** [wéstərn]
서쪽의, 서방의

western

Western style 서양식

Is the fish _____?
그 물고기는 살아 있니?

My friend and I are _____ in character.
나와 내 친구는 성격이 비슷하다.

Are you _____?
당신이 말한 것은 틀림없습니까?

He is not _____ to be a teacher.
그는 선생님이 되기에는 적당하지 않다.

He looks very _____.
그는 대단히 졸린 듯하다.

It's almost _____ to finish my homework today.
오늘 숙제 끝마치기가 거의 불가능하다.

We found an _____ house.
우리는 빈 집을 발견했다.

It's _____ for him to attend the meeting.
그가 모임에 출석하는 것은 드문 일이다.

There were _____ types of pants.
가게에는 여러 종류의 바지가 있었다.

He lives in the _____ part of this city.
그는 이 도시의 서부에 살고 있다.

0785 **close** [klous]
1. 몹시 가까운, 근접한 2. 친근한

close

a **close** friend 친한 친구

0786 **necessary** [nésəsèri]
필요한 🔄 unnecessary

necessary

be **necessary** for daily life 일상생활에 필요하다

0787 **worth** [wəːrθ]
~의 가치가 있는

worth

be **worth** two dollars 2달러의 가치가 있다

0788 **any** [éni]
1. 〈긍정문〉 어떤, 무엇이든 2. 〈부정문·
의문문〉 무엇이든, 누구든, 조금도, 아무도

any

any people 어떤 사람

0789 **possible** [pásəbl/pɔ́səbl]
가능한 🔄 impossible

possible

if **possible** 가능하다면

The tree is _____ to the house.

그 나무는 집 가까이에 있다.

Food is _____ for maintaining life.

음식은 생명을 유지하는 데 꼭 필요하다.

It was _____ while to read the book.

그 책은 읽을 가치가 있는 책이었다.

She can buy _____ dress.

그녀는 어떤 옷이라도 살 수 있다.

It is _____ to reach the top of the mountain.

그 산꼭대기에 도달하는 것은 가능하다.

0790 **active** [ǽktiv]
활동적인, 활발한

active

an **active** volcano 활화산

0791 **adult** [ədʌ́lt/ǽdʌlt]
성인이 된; 성인의, 어른의

adult

an **adult** person 어른

0792 **ancient** [éinʃənt]
옛날의, 고대의 ⓔ modern

ancient

ancient history 고대사

0793 **ashamed** [əʃéimd]
부끄러워하는

ashamed

be **ashamed** of being poor
가난을 부끄러워하다

0794 **atomic** [ətámik / ətómik]
원자의, 원자력의

atomic

atomic energy 원자력

0795 **bare** [bɛər]
1. 발가벗은 2. 꾸미지 않은

bare

bare legs 맨 다리

0796 **calm** [kɑːm]
잔잔한, 고요한

calm

a **calm** sea 잔잔한 바다

0797 **cheerful** [tʃíərfəl]
쾌활한, 즐거움이 가득 찬

cheerful

a **cheerful** tone 경쾌한 가락

0798 **chemical** [kémikəl]
화학의, 화공의

chemical

the **chemical** symbol 화학 기호

0799 **classical** [klǽsikəl]
고전의, 고전파의

classical

classical studies 고전 연구

The volcano is still _____.
그 화산은 아직도 분화하고 있다.

The habits continued into _____ life.
그 버릇은 어른이 되어서도 고쳐지지 않았다.

This story dates back to _____ times.
이것은 예로부터 전해 오는 이야기다.

I was _____ of my deed.
나는 나의 행동이 부끄러웠다.

He was killed in the _____ bomb attack.
그는 원자 폭탄 공격으로 죽었다.

He is walking with _____ feet.
그는 맨발로 걷고 있다.

It was a _____ autumn day.
어느 고요한 가을날이었다.

My father looks very _____ today.
아버지는 오늘 대단히 기분이 좋으신 것 같다.

This _____ melts iron easily.
이 화학약품은 쇠를 잘 녹인다.

I like music, especially _____ music.
나는 음악, 특히 클래식을 좋아한다.

0800 **commercial** [kəmə́:rʃəl]
1. 상업의 2.《미》광고방송의

commercial

a **commercial** college 상과 대학

0801 **crazy** [kréizi]
1. 미친 ⊕ mad
2. 열광적인(~about)

crazy

go **crazy** about soccer 축구에 미치다

0802 **deaf** [def]
귀머거리의, 귀가 먼

deaf

be **deaf** in the left ear 왼쪽 귀가 안 들리다

0803 **delicate** [délikit]
가냘픈

delicate

a **delicate** child 약한 아이

0804 **double** [dʌ́bəl]
두 배의, 이중의

double

a **double** price 두 배의 값

0805 **elementary** [èləméntəri]
기본이 되는, 초보의, 초등의

elementary

elementary knowledge of grammar
문법의 기초 지식

0806 **extra** [ékstrə]
여분의, 임시의

extra

extra pay 임시 급여

0807 **fat** [fæt]
살찐, 뚱뚱한 ⊕ thin

fat

a **fat** pig 살찐 돼지

0808 **female** [fíːmeil]
여성의, 암컷의 ⊕ male

female

a **female** dress 여성복

0809 **following** [fálouiŋ]
다음의 ⊕ next

following

the **following** day 다음 날

174

This program has too many _____ breaks.

이 프로그램에는 광고방송이 너무 많다.

He acted as if he were _____.

그는 미친 사람처럼 행동했다.

He is _____ in one ear.

그는 한쪽 귀가 안 들린다.

His health is _____.

그는 몸이 허약하다.

This railroad line has a _____ track.

이 철도선은 복선이다.

He didn't even finish _____ school.

그는 초등학교도 나오지 않았다.

I always carry an _____ $ 20 for good measure.

나는 항상 20달러를 여분으로 가지고 다닌다.

The boy is getting _____.

그 소년은 뚱뚱해지고 있다.

_____ gorillas usually give birth to one baby.

암컷 고릴라는 보통 새끼를 한 마리만 낳는다.

He came the _____ week.

그는 그 다음 주에 왔다.

175

0810 **handsome** [hǽnsəm]
(용모 등이) 잘생긴, 핸섬한

handsome

a **handsome** boy 잘생긴 소년

0811 **helpful** [hélpfəl]
도움이 되는 ⑲ useful

helpful

a **helpful** person 도움이 되는 사람

0812 **holy** [hóuli]
신성한, 성스러운

holy

a **holy** life 경건한 생활

0813 **homemade**
[hóummèid]
집에서[손수] 만든, 수제의

homemade

a **homemade** cake 집에서 만든 케이크

0814 **independent**
[indipéndənt]
독립한, 자립한

independent

a free and **independent** country
자유롭고 독립된 나라

0815 **instant** [ínstənt]
즉시의, 즉석의

instant

instant food 인스턴트식품[즉석식품]

0816 **jealous** [dʒéləs]
샘[질투] 많은

jealous

a **jealous** husband 질투심 많은 남편

0817 **junior** [dʒúːnjər]
손아래의 ⑲ senior

junior

junior in rank 직위가 하위인

0818 **lazy** [léizi]
게으른, 꾀부리는 ⑲ diligent

lazy

a **lazy** man 게으른 사람

0819 **local** [lóukəl]
지방의, 그 지역의

local

a **local** custom 지방의 관습

He is a _____ youth.
그는 미남 청년이다.

This book was very _____.
이 책은 상당히 유용했다.

Marriage is a _____ thing.
결혼은 신성한 것이다.

That's the delicious _____ bread.
저것은 집에서 만든 맛 좋은 빵이다.

Korea became _____ from Japan in 1945.
한국은 1945년에 일본으로부터 독립하였다.

The pill took _____ effect.
그 알약은 즉시 효력을 나타냈다.

He is _____ of my success.
그는 나의 성공을 질투한다.

I am his _____.
나는 그의 후배다.

The _____ boys failed the examination.
그 게으른 소년들은 시험에 떨어졌다.

The children go to the _____ school.
어린이들은 그 지역 학교에 다닌다.

177

0820	**magic** [mǽdʒik] 마법의, 요술의

magic

a **magic** mirror 마법의 거울

0821	**merry** [méri] 즐거운, 유쾌한 ⊕ sad

merry

a **merry** voice 즐거운 목소리

0822	**musical** [mjúːzikəl] 음악의, 음악적인

musical

a **musical** genius 음악의 천재

0823	**noisy** [nɔ́izi] 시끄러운, 떠들썩한 ⊕ quiet

noisy

a **noisy** street 시끄러운 거리

0824	**normal** [nɔ́ːrməl] 표준의, 평균의

nomal

a **normal** condition 정상 상태

0825	**nuclear** [n(j)úːkliər] 핵의; 원자핵의

nuclear

nuclear weapons 핵무기

0826	**opposite** [ápəzit/ɔ́pəzit] 맞은편의, 반대의

opposite

the **opposite** sex 이성

0827	**ordinary** [ɔ́ːrdəneri] 일상의, 보통의 ⊕ special

ordinary

ordinary people 보통 사람들

0828	**original** [ərídʒənəl] 처음의, 본래의

original

lose its **original** form 원형을 잃다

0829	**particular** [pərtíkjələr] 특별한, 특정의 ⊕ general

particular

in this **particular** case 특히 이 경우는

She had a _____ lamp.
그녀는 마술 램프를 가지고 있었다.

I wish you a _____ Christmas!
즐거운 크리스마스가 되시길 바랍니다!

Nature has endowed him with _____ talent.
그는 음악적 재능을 타고났다.

The street is very _____ with traffic.
거리는 자동차들 때문에 무척 시끄럽다.

Rain is _____ in this area.
비는 이 지역에서 일상적인 것이다.

They started _____ bomb tests.
그들은 핵폭탄 실험을 개시했다.

He was standing on the _____ bank of the river.
그는 강의 맞은편 기슭에 서 있었다.

He isn't any _____ _____ student.
그는 여느 평범한 학생이 아니다.

He gave up his _____ plan.
그는 원안을 포기하였다.

I have nothing _____ to do now.
지금 해야 할 특별한 일은 없다.

0830	**patient** [péiʃənt] 참을성 있는, 인내심 있는

patient

a **patient** worker 끈기 있는 일꾼

0831	**personal** [pə́:rsənəl] 개인의, 개인적인

personal

a **personal** opinion 개인적인 의견

0832	**plain** [plein] 명백한, 알기 쉬운

plain

a **plain** fact 명백한 사실

0833	**plastic** [plǽstik] 플라스틱으로 만든

plastic

a **plastic** cup 플라스틱 컵

0834	**pleasant** [pléznt] 즐거운, 기분 좋은, 유쾌한 ⓨ comfortable

pleasant

a **pleasant** wind 상쾌한 바람

0835	**rude** [ru:d] 무례한, 버릇없는

rude

a **rude** manner 무례한 태도

0836	**principal** [prínsəpəl] 으뜸가는, 주요한

principal

our **principal** food 우리의 주식

0837	**private** [práivit] 사적인, 사립의 ⓟ public

private

a **private** school 사립학교

0838	**scientific** [sàiəntífik] 과학의, 과학적인

scientific

a **scientific** book 과학 책

0839	**sharp** [ʃɑ:rp] 날카로운, 뾰족한

sharp

sharp eyes 예리한 눈

Be _____ with others.

타인에게 참을성 있게 대해라.

It's for my _____ use.

그것은 내 개인용 물건이다.

He wrote in _____ English.

그는 쉬운 영어로 썼다.

This _____ material docs not rip.

이 플라스틱 재료는 깨지지 않는다.

We had a _____ time.

우리는 즐겁게 시간을 보냈다.

He is a _____ fellow.

그는 예의를 모른다.

He has the _____ part in the play.

그는 그 연극의 주역이다.

Mr. Ward's _____ life is well known.

워드 씨의 사생활은 잘 알려져 있다.

He is second to none in _____ knowledge in his class.

그는 과학 지식에 있어 그 반의 누구에게도 지지 않는다.

This knife is _____.

이 칼은 날카롭다.

0840 **single** [síŋgl]
1. 단 하나의 ⊕ only one
2. 독신의

single

a **single** bed 일인용 침대

0841 **smooth** [smuːð]
매끄러운 ⊕ rough

smooth

smooth skin 매끈한 피부

0842 **stupid** [st(j)úːpid]
어리석은, 멍청한
⊕ foolish ⊕ clever

stupid

a **stupid** person 어리석은 사람

0843 **successful** [səksésfəl]
성공한

successful

a **successful** businessman 성공한 사업가

0844 **tiny** [táini]
조그마한, 몹시 작은 ⊕ very little

tiny

a **tiny** baby 조그마한 아이

0845 **tropical** [trápikəl]
열대(지방)의

tropical

a **tropical** fish 열대어

0846 **unique** [juːníːk]
독특한, 비길 데 없는

unique

a **unique** aroma 독특한 향기

0847 **worse** [wəːrs]
(bad·ill의 비교급) 더 나쁜

worse

even **worse** 훨씬 더 안 좋은

0848 **worst** [wəːrst]
(bad·ill의 최상급) 가장 나쁜

worst

the **worst** essay 최악의 에세이

There is a _____ piece of paper.

종이가 단 한 장 있다.

We found _____ stones in the stream.

우리는 개울 안에서 매끄러운 돌을 발견했다.

Don't make such a _____ mistake again.

다시는 그런 어리석은 잘못을 저지르지 마라.

His attempt to ride a horse was _____.

말을 타려는 그의 시도는 성공적이었다.

The lady was looking at the _____ little boy.

그 부인은 몹시 작은 소년을 바라보고 있었다.

He adjusted himself to _____ weather.

그는 열대성 기후에 익숙해졌다.

She dresses in a most _____ fashion.

그녀의 복장은 아주 독특하다.

She got _____ this morning.

오늘 아침 그녀의 병세는 더욱 악화되었다.

He is the _____ boy in our class.

그는 우리 반에서 가장 나쁜 학생이다.

Part 3

예비 중학생이
꼭 알아야 할
동사 313

0849 **read** [riːd]
읽다

read
read a newspaper 신문을 읽다

0850 **get** [get]
1. 얻다 2. ~이 되다 3. 도착하다

get
get information 정보를 얻다

0851 **see** [siː]
1. 보다, 보이다 2. 만나다
3. 이해하다, 알다

see
see a beach 바닷가가 보이다

0852 **use** [통 juːz]
이용하다, 사용하다

use
use a computer 컴퓨터를 사용하다

0853 **visit** [vízit]
방문하다

visit
visit the country 시골을 방문하다

0854 **sing** [siŋ]
1. 노래하다 2. 지저귀다

sing
sing well 노래를 잘하다

0855 **write** [rait]
쓰다

write
write a letter 편지를 쓰다

0856 **hear** [híər]
듣다, 들리다

hear
hear a voice 목소리가 들리다

0857 **feel** [fiːl]
느끼다, ~한 기분이 들다

feel
feel pain 통증을 느끼다

0858 **reach** [riːtʃ]
1. 도착하다 ❷ start
2. (손 등을) 내밀다

reach
reach Seoul Station 서울역에 도착하다

186

My brother is _____ a book.
내 남동생은 책을 읽고 있다.

He _____ first prize.
그는 1등상을 탔다.

I want to _____ you.
나는 네가 보고 싶다.

May I _____ your knife?
당신의 칼을 사용해도 됩니까?

I often _____ him.
나는 그를 자주 방문한다.

She is _____ a song.
그녀는 노래를 부르고 있다.

_____ your name on the blackboard.
칠판에 네 이름을 써라.

We _____ with our ears.
우리는 귀로 듣는다.

I _____ the house shake last night.
나는 어젯밤 집이 흔들리는 것을 느꼈다.

The train _____ Busan Station at noon.
기차는 정오에 부산역에 닿았다.

0859 **speak** [spiːk]
말하다, 이야기하다

~~speak~~

speak Chinese 중국어를 말하다

0860 **bring** [briŋ]
가져오다, 데려오다

~~bring~~

bring an umbrella 우산을 가져오다

0861 **go** [gou]
1. 가다, 떠나가다 ⊕ come
2. (기계 등이) 움직이다

~~go~~

go on a trip 여행을 가다

0862 **play** [plei]
1. 놀다 2. 연주하다 3. (경기를) 하다

~~play~~

play in the room 방에서 놀다

0863 **walk** [wɔːk]
걷다; 산책하다

~~walk~~

walk to the station 역까지 걷다

0864 **fly** [flai]
날다; 비행기로 가다

~~fly~~

fly high 높이 날다

0865 **arrive** [əráiv]
도착하다 ⊕ leave, start

~~arrive~~

arrive at a village 마을에 도착하다

0866 **look** [luk]
1. 보다 2. ~처럼 보이다

~~look~~

look at the picture 그림을 보다

0867 **listen** [lísən]
듣다, 경청하다

~~listen~~

listen to the band playing
악대가 연주하는 것을 듣다

0868 **cry** [krai]
1. (소리 내어) 울다 2. 외치다

~~cry~~

begin to **cry** 울기 시작하다

Can you _____ English?

영어를 말할 줄 아니?

Can I _____ Tom with me?

탐을 데려와도 되겠니?

I _____ to school on foot.

나는 걸어서 학교에 간다.

My younger brother likes to _____.

내 남동생은 노는 것을 좋아한다.

I _____ to school every day.

나는 매일 걸어서 학교에 다닌다.

Birds _____ in the sky.

새들이 하늘을 난다.

They _____ late.

그들은 늦게 도착했다.

They _____ at each other.

그들은 서로를 바라보았다.

Mary likes to _____ to music.

메리는 음악 듣는 것을 좋아한다.

Babies _____ when they are hungry.

아기들은 배가 고프면 운다.

0869	**shout** [ʃaut] 외치다, 큰소리로 부르다 ⓤ cry	*shout* **shout** my name 내 이름을 큰소리로 부르다
0870	**smile** [smail] 미소 짓다	*smile* **smile** at a baby 아이에게 미소 짓다
0871	**sit** [sit] 앉다 ⓫ stand	*sit* **sit** on a chair 의자에 앉다
0872	**knock** [nɑk/nɔk] 두드리다, 노크하다; (세게) 치다	*knock* **knock** on the door 문을 노크하다
0873	**come** [kʌm] 오다 ⓫ go	*come* **come** to see me 나를 만나러 오다
0874	**laugh** [læf/lɑːf] (소리를 내어) 웃다 ⓫ cry	*laugh* **laugh** heartily 실컷 웃다
0875	**leave** [liːv] 떠나다	*leave* **leave** anytime 언제라도 떠나다
0876	**run** [rʌn] 달리다 ⓟ runner	*run* **run** 100 meters 100미터를 달리다
0877	**ask** [æsk/ɑːsk] 1. 물어보다 2. 부탁하다	*ask* **ask** about me 나에 관해 묻다
0878	**say** [sei] 말하다, 이야기하다	*say* **say** something **about the TV program** TV 프로그램에 대해 말하다

They _____ with joy.

그들은 기뻐서 소리를 질렀다.

She is always _____.

그녀는 항상 미소를 짓고 있다.

May I _____ down?

앉아도 될까요?

He _____ three times.

그는 문을 세 번 두드렸다.

He will _____ tomorrow.

그는 내일 올 것이다.

They _____ merrily.

그들은 즐겁게 웃었다.

My father _____ home at seven every morning.

나의 아버지께서는 매일 아침 7시에 집을 떠나신다.

He can _____ faster than me.

그는 나보다 빨리 달릴 수 있다.

May I _____ a question?

질문을 해도 되겠습니까?

He _____ he is busy.

그는 바쁘다고 한다.

0879 take [teik]
1. (상 등을) 획득하다
2. 데려가다, 가져가다 3. 타다

take
take a degree 학위를 취득하다

0880 have [hæv]
1. 가지고 있다 2. 먹다, 마시다

have
have a bat 배트를 가지고 있다

0881 put [put]
1. 놓다, 얹다 2. (옷 등을) 입다

put
put a box on the desk 상자를 책상 위에 놓다

0882 thank [θæŋk]
감사하다

thank
thank him for his help 그의 도움에 감사하다

0883 prefer [prifə́:r]
~을 더 좋아하다

prefer
prefer coffee to tea 차보다 커피를 더 좋아하다

0884 invite [inváit]
초대하다, 부르다

invite
invite to dinner 저녁 식사에 초대하다

0885 enjoy [indʒɔ́i]
즐기다, 좋아하다

enjoy
enjoy a game 게임을 즐기다

0886 want [wɔ(:)nt/wɑnt]
1. 원하다
2. (want to로) ~하고 싶다

want
want a digital camera 디지털 카메라를 원하다

0887 call [kɔ:l]
1. 부르다 2. 전화를 걸다

call
call an ambulance 구급차를 부르다

0888 forget [fərgét]
잊다, 생각이 나지 않다
(반) remember

forget
forget a name 이름을 잊어버리다

He _____ the second prize.
그는 2등상을 탔다.

Do you _____ a pencil?
당신은 연필을 가지고 있습니까?

Did you _____ the book on the table?
네가 탁자 위에 책을 놓았니?

_____ you very much for your kind invitation.
초대해 주셔서 대단히 감사합니다.

I _____ autumn to spring.
나는 봄보다 가을을 더 좋아한다.

She _____ her friends to the party.
그녀는 친구들을 파티에 초대했다.

Tom _____ watching television.
탐은 텔레비전 보는 것을 좋아한다.

What do you _____?
당신은 무엇을 원합니까?

The teacher _____ the names of the students.
선생님께서는 학생들의 이름을 부르셨다.

I cannot _____ it.
나는 그것을 잊을 수 없다.

0889 **need** [niːd] 1. 필요하다 2. (need to로) ~할 필요가 있다	*need* **need** a friend 친구가 필요하다
0890 **like** [laik] 1. 좋아하다 2. (would like to로) ~하고 싶다	*like* **like** fruit 과일을 좋아하다
0891 **worry** [wʌ́ri] 걱정하다, 걱정시키다	*worry* **worry** about him 그에 대해서 걱정하다
0892 **agree** [əgríː] 동의하다, 승낙하다	*agree* **agree** to his plan 그의 계획에 동의하다
0893 **decide** [disáid] 결정하다, 결심하다	*decide* **decide** what to do 무엇을 해야 할지 결정하다
0894 **hope** [houp] 바라다, 희망하다	*hope* **hope** to be a teacher 교사가 되기를 희망하다
0895 **kick** [kik] 차다, 걷어차다	*kick* **kick** a ball 공을 차다
0896 **throw** [θrou] 던지다	*throw* **throw** a fast ball 빠른 볼을 던지다
0897 **build** [bild] 세우다, 짓다	*build* **build** a house 집을 짓다
0898 **kiss** [kis] 키스하다, 입 맞추다	*kiss* **kiss** on the lips 입술에 키스하다

I _____ your help.
나는 너의 도움이 필요하다.

I _____ dogs.
나는 개를 좋아한다.

Don't _____.
걱정하지 마라.

Jill _____ to Jack's proposal.
질은 잭의 제안에 동의했다.

He _____ to become a teacher.
그는 교사가 되기로 결심했다.

I _____ to see you again.
나는 당신을 다시 만나 뵙기를 바랍니다.

She _____ him on the knee.
그녀는 그의 무릎을 걷어찼다.

_____ the ball to me.
나에게 그 공을 던져라.

His dream is to _____ his own house.
그의 꿈은 자신의 집을 짓는 것이다.

My aunt _____ me on the cheek.
아주머니는 나의 볼에 키스하셨다.

| 0899 | **sell** [sel]
팔다 🔄 buy | ~~sell~~
sell a car 자동차를 팔다 |

| 0900 | **drink** [driŋk]
마시다 | ~~drink~~
drink a cup of coffee 커피를 한 잔 마시다 |

| 0901 | **turn** [təːrn]
1. 돌리다, 돌다 2. ~쪽으로 향하다
3. ~으로 되다 | ~~turn~~
turn a steering wheel 운전대를 돌리다 |

| 0902 | **begin** [bigín]
1. 시작하다 🔄 finish
2. 시작되다 🔄 end | ~~begin~~
begin a test 테스트를 시작하다 |

| 0903 | **hold** [hould]
1. 손에 들다 2. (모임을) 열다
3. 견디다, 지탱하다 | ~~hold~~
hold an arm 팔을 잡다 |

| 0904 | **explain** [ikspléin]
설명하다, 명백하게 하다 | ~~explain~~
explain rules 규칙을 설명하다 |

| 0905 | **touch** [tʌtʃ]
손대다, 만지다 | ~~touch~~
touch a bell 벨을 만지다 |

| 0906 | **cut** [kʌt]
베다, 자르다 | ~~cut~~
cut the apple with a knife 칼로 사과를 자르다 |

| 0907 | **love** [lʌv]
사랑하다; 좋아하다 🔄 hate | ~~love~~
love reading books 독서를 좋아하다 |

| 0908 | **answer** [ǽnsər/áːnsər]
대답하다 🔄 ask | ~~answer~~
answer immediately 즉시 대답하다 |

They _____ shirts and socks.

그들은 셔츠와 양말을 판다.

I want something to _____.

뭐 좀 마실 것이 있으면 좋겠다.

_____ right at the end of the street.

길의 끝에서 오른쪽으로 돌아라.

School _____ at nine o'clock.

학교는 9시에 시작한다.

He is _____ a bat in his right hand.

그는 오른손에 배트를 들고 있다.

She _____ the meaning of the word.

그녀는 그 단어의 뜻을 설명했다.

Don't _____ the paintings.

그림에 손대지 마라.

I _____ my finger yesterday.

나는 어제 손가락을 베었다.

A mother _____ her baby very much.

어머니는 그녀의 아기를 매우 사랑한다.

She _____ my questions.

그녀는 내 질문에 대답했다.

0909 **realize** [ríːəlàiz]
1. 깨닫다, 알다
2. (이상 등을) 실현하다

realize
realize a dream 꿈을 실현하다

0910 **tell** [tel]
말하다

tell
tell a lie 거짓말을 하다

0911 **introduce** [ìntrədjúːs]
소개하다

introduce
introduce my friend 내 친구를 소개하다

0912 **excuse** [ikskjúːz]
용서하다; 변명하다

excuse
excuse a mistake 실수를 용서하다

0913 **finish** [fíniʃ]
끝내다, 완성하다 **반** begin

finish
finish one's homework 숙제를 끝내다

0914 **teach** [tiːtʃ]
가르치다

teach
teach Korean 한국어를 가르치다

0915 **collect** [kəlékt]
모으다, 수집하다

collect
collect stamps 우표를 수집하다

0916 **study** [stʌ́di]
공부하다; 연구하다

study
study for an exam 시험 공부를 하다

0917 **make** [meik]
1. 만들다 2. ~하게 하다

make
make a dress 드레스를 만들다

0918 **cross** [krɔːs/krɔs]
가로지르다, 건너다

cross
cross a bridge 다리를 건너다

He _____ what was right.
그는 무엇이 옳은가를 깨달았다.

He _____ me the news.
그가 그 소식을 내게 말해 주었다.

May I _____ my sister to you?
제 언니를 소개해 드릴까요?

_____ me.
실례합니다.

I have _____ writing my letter.
나는 편지를 다 썼다.

Mr. Smith _____ English at our school.
스미스 선생님은 우리 학교에서 영어를 가르치신다.

I _____ old newspapers to recycle them.
나는 지난 신문들을 재활용하기 위해 모았다.

He is _____ English.
그는 영어를 공부하고 있다.

The children are _____ a snowman.
아이들은 눈사람을 만들고 있다.

Be careful when you _____ the street.
길을 건널 때는 조심하라.

0919	**fill** [fil] 채우다, 가득하게 하다	fill **fill** a glass 잔을 채우다

0919 **fill** [fil]
채우다, 가득하게 하다

fill
fill a glass 잔을 채우다

0920 **move** [muːv]
1. 움직이다 2. 옮기다 3. 이사하다

move
move the table 탁자를 옮기다

0921 **hit** [hit]
치다, 때리다

hit
hit a home run 홈런을 치다

0922 **invent** [invént]
발명하다

invent
invent a new device 새 장치를 발명하다

0923 **spread** [spred]
1. 펴다 2. 퍼지다

spread
spread a map 지도를 펴다

0924 **develop** [divéləp]
1. 발달시키다, 발달하다
2. (사진을) 현상하다

develop
develop muscles 근육을 발달시키다

0925 **open** [óupən]
1. 열다 ❸ close 2. (책 등을) 펴다

open
open the door 문을 열다

0926 **pass** [pæs/pɑːs]
1. 지나가다
2. 건네주다 3. 합격하다

pass
pass a barrier 장벽을 통과하다

0927 **draw** [drɔː]
1. (그림을) 그리다
2. 끌다, 끌어당기다 ❸ push

draw
draw a cart 카트를 끌다

0928 **work** [wəːrk]
일하다; 공부하다

work
work on the farm 농장에서 일하다

빈 칸에 알맞은 단어를 넣어 문장을 완성해 보세요.

Su-mi _____ the bottle with water.

수미는 그 병을 물로 채웠다.

Don't _____ .

움직이지 마라.

He _____ me on the head.

그는 내 머리를 때렸다.

The electric lamp was _____ by Edison.

전등은 에디슨에 의해 발명되었다.

She _____ the cloth on the table.

그녀는 테이블 위에 테이블보를 폈다.

He _____ his mind and body.

그는 심신을 발달시켰다.

The shop _____ at 9 o'clock.

그 가게는 9시에 문을 연다.

I have to _____ this way to go to school.

나는 학교에 가기 위해 이 길을 지나가야 한다.

Children _____ pictures with crayons.

아이들은 크레용으로 그림을 그린다.

They _____ very hard.

그들은 매우 열심히 일한다.

0929 **stop** [stɑp/stɔp]
멈추다, 그만두다 (반) start

stop
stop the work 일을 중단하다

0930 **do** [du:]
하다, 행하다

do
do the washing 세탁을 하다

0931 **continue** [kəntínju:]
계속하다, 연속하다 (반) stop

continue
continue the story 이야기를 계속하다

0932 **stay** [stei]
머물다, 체류하다

stay
stay at a hotel 호텔에 머무르다

0933 **increase** [inkríːs]
늘다; 늘리다

increase
increase in number 수가 증가하다

0934 **sleep** [sliːp]
자다 (반) wake

sleep
sleep well 잘 자다

0935 **rise** [raiz]
1. (해·달이) 뜨다 (반) set
2. 오르다, 상승하다 (반) fall

rise
the **rising** sun 뜨는 해

0936 **return** [ritə́ːrn]
1. 돌아오다, 돌아가다 2. 돌려주다

return
return home 집에 돌아가다

0937 **happen** [hǽpən]
생기다, 일어나다

happen
an accident **happens** 사고가 일어나다

0938 **suppose** [səpóuz]
추측하다, ~라고 생각하다
(유) guess

suppose
suppose he will come 그가 올 거라고 생각하다

They _____ fighting.
그들은 싸움을 멈추었다.

I _____ my homework before I watch television.
텔레비전을 보기 전에 나는 숙제를 한다.

The rain _____ all day.
비는 종일 계속해서 내렸다.

How long can you _____ here?
너는 여기에 얼마나 오래 머물 수 있니?

The number of cars has _____ recently.
최근에 차량 숫자가 증가하고 있다.

He _____ eight hours every day.
그는 매일 8시간 잔다.

The sun _____ in the east.
해는 동쪽에서 뜬다.

My father _____ from a long trip.
나의 아버지께서 긴 여행에서 돌아오셨다.

What _____ to my bicycle?
내 자전거에 무슨 일이 생겼니?

Let's _____ he is right.
그가 옳다고 가정하자.

0939 **wake** [weik]
잠이 깨다; 깨우다

wake

wake up early in the morning
아침 일찍 잠에서 깨다

0940 **let** [let]
1. ~하는 것을 허용하다; 시키다
2. (Let's ~) ~하자

let

let a person know ~에게 알리다

0941 **become** [bikʌ́m]
~이 되다

become

become a doctor 의사가 되다

0942 **grow** [grou]
1. 성장하다, 자라나다
2. ~으로 되다 3. 재배하다

grow

grow very quickly 매우 빨리 자라다

0943 **remain** [riméin]
1. 남다, 머무르다 2. ~한 채로 있다

remain

remain at home 집에 남다

0944 **stand** [stænd]
1. 서다, 서 있다 🔁 sit
2. 참다, 견디다

stand

stand still 가만히 서 있다

0945 **talk** [tɔːk]
이야기하다, 말하다

talk

talk too much 말이 너무 많다

0946 **think** [θiŋk]
(~이라고) 생각하다

think

think carefully 신중히 생각하다

0947 **believe** [bilíːv]
믿다, 신용하다

believe

believe his story 그의 이야기를 믿다

0948 **fall** [fɔːl]
1. 떨어지다; (비 등이) 내리다
2. 넘어지다

fall

fall to the ground 땅에 떨어지다

_____ me up at six, please.

여섯 시에 깨워 주십시오.

I will _____ you know about it.

그 일에 관해서 당신에게 알려 드리겠습니다.

He _____ a scientist.

그는 과학자가 되었다.

Grass _____ after the rain.

비가 온 후 잔디가 자랐다.

Nothing _____ for me.

나에게는 아무 것도 남아 있지 않다.

He was _____ by the gate.

그는 문 옆에 서 있었다.

I want to _____ to you.

나는 당신과 얘기를 하고 싶다.

Do you _____ it will rain?

비가 올 거라고 생각하니?

I _____ that he is honest.

나는 그가 정직하다고 믿는다.

Snow is _____ down from the sky.

하늘에서 눈이 내리고 있다.

0949 **lie** [lai]
1. 눕다 2. 거짓말하다

lie
lie down on the grass 풀밭에 눕다

0950 **live** [liv]
1. 살다 ⊕ die 2. 거주하다

live
live in an apartment 아파트에 살다

0951 **wonder** [wʌ́ndər]
궁금해 하다, 의아해 하다

wonder
wonder when she will come
그녀가 언제 올지 궁금하다

0952 **plan** [plæn]
계획하다, ~할 작정이다

plan
plan a party 파티를 계획하다

0953 **meet** [miːt]
1. 만나다 2. 마중하다

meet
meet a friend of mine 내 친구를 만나다

0954 **help** [help]
돕다, 거들다

help
help homework 숙제를 돕다

0955 **know** [nou]
알다, 알고 있다

know
know the fact 사실을 알다

0956 **remember** [rimémbər]
기억하다, 생각나다 ⊕ forget

remember
remember one's name 이름을 기억하다

0957 **guess** [ges]
추측하다, 판단하다

guess
guess one's age 나이를 추측하다

0958 **understand**
[ʌ̀ndərstǽnd] 이해하다, 알다

understand
understand the teacher's explanation
선생님의 설명을 이해하다

I _____ in bed all day long yesterday.

나는 어제 하루 종일 침대에 누워 있었다.

She _____ to be ninety.

그녀는 90세까지 살았다.

I _____ what happened.

나는 무슨 일이 생겼는지 궁금하다.

At breakfast I _____ my day.

아침을 먹으며 나는 하루를 계획했다.

I am glad to _____ you.

만나 뵙게 되어 기쁩니다.

I will _____ you.

제가 도와드리겠습니다.

I don't _____ who he is.

나는 그가 누구인지 모른다.

I _____ it well.

나는 그것을 잘 기억한다.

I _____ she is eight years old.

나는 그녀가 8살이라고 추측한다.

Do you _____?

이해하시겠습니까?

0959 **pardon** [páːrdn]
용서하다 ⊕ forgive

pardon

pardon his mistake 그의 잘못을 용서하다

0960 **learn** [ləːrn]
배우다, 익히다 ⊕ teach

learn

learn how to skate 스케이팅을 배우다

0961 **hate** [heit]
미워하다, 싫어하다 ⊕ like, love

hate

hate war 전쟁을 증오하다

0962 **imagine** [imǽdʒin]
상상하다, ~라고 생각하다

imagine

imagine the scene clearly
그 장면을 선명하게상상하다

0963 **judge** [dʒʌdʒ]
1. 판단하다; 판정하다 2. 재판하다

judge

be hard to **judge** 판단하기 어렵다

0964 **break** [breik]
깨뜨리다, 부수다

break

break one's arm 팔이 부러지다

0965 **eat** [iːt]
먹다

eat

eat breakfast 아침을 먹다

0966 **drive** [draiv]
운전하다

drive

drive a car 자동차를 운전하다

0967 **buy** [bai]
사다, 구매하다 ⊕ sell

buy

buy a doll 인형을 사다

0968 **wash** [wɑʃ/wɔ(ː)ʃ]
씻다, 세탁하다, 빨다

wash

wash hands before eating 식사 전에 손을 씻다

_____ me for saying so.

그렇게 말한 것을 용서해 주십시오.

We are _____ English.

우리는 영어를 배우고 있다.

They _____ each other.

그들은 서로 미워한다.

I can't _____ who said such a thing.

그런 일을 누가 말했는지 상상할 수 없다.

Don't _____ a man by his appearance.

사람을 외모로 판단하지 마라.

Who _____ the window?

누가 창문을 깼니?

We _____ rice every day.

우리는 매일 밥을 먹는다.

Can you _____ ?

운전할 줄 아니?

I _____ a book yesterday.

나는 어제 책 한 권을 샀다.

_____ your hands.

손을 씻어라.

0969 **lose** [luːz]
1. 잃다 2. 길을 잃다, 헤매다

lose
lose one's purse 지갑을 잃다

0970 **cook** [kuk]
요리하다, 음식을 만들다

cook
cook dinner 저녁을 요리하다

0971 **keep** [kiːp]
1. 지니다 2. (규칙 등을) 지키다
3. (어떤 상태로) 유지하다

keep
keep a diary every day
매일 일기를 쓰다

0972 **show** [ʃou]
1. 보여 주다 2. 안내하다

show
show the picture 그림을 보여 주다

0973 **lend** [lend]
빌려 주다 🔄 borrow

lend
lend him some money
그에게 약간의 돈을 빌려 주다

0974 **give** [giv]
주다, 공급하다 🔄 receive

give
give her a watch 그녀에게 손목시계를 주다

0975 **wish** [wiʃ]
1. 바라다, 기원하다
2. ~라면 좋겠는데

wish
wish to go home 집에 가고 싶다

Don't _____ your ticket.
표를 잃어버리지 마라.

Mother is _____ in the kitchen.
어머니께서는 부엌에서 요리를 하고 계신다.

I _____ my ring in the jewelry box.
나는 내 반지를 보석함에 보관한다.

_____ me the letter.
그 편지 좀 보여 줘.

Can you _____ me your pen?
네 펜 좀 빌려 주겠니?

Can you _____ me that pencil?
그 연필을 나에게 줄 수 있니?

I _____ you a merry Christmas.
즐거운 성탄절이 되길 바랍니다.

0976 **wear** [wɛəːr]
입다, 쓰다, 신다, 끼다

wear

wear light clothes 가벼운[얇은] 옷을 입다

0977 **start** [staːrt]
출발하다 ⊕ arrive

start

start to dance 춤을 추기 시작하다

0978 **carry** [kǽri]
나르다, 운반하다

carry

carry a box 상자를 나르다

0979 **close** [klouz]
닫다, 끝나다 ⊕ open

close

close a store 상점을 닫다

0980 **drop** [drɑp/drɔp]
1. 떨어지다, 내리다
2. 떨어뜨리다, 내려놓다

drop

drop the price 값을 내리다

0981 **beat** [biːt]
1. (잇달아) 치다, 때리다
2. (적을) 이기다

beat

beat at the door 문을 두드리다

0982 **win** [win]
1. 이기다 2. (상 등을) 타다, 얻다

win

win an election 선거에서 이기다

0983 **receive** [risíːv]
받다 ⊕ give

receive

receive a prize 상을 받다

0984 **shake** [ʃeik]
흔들다

shake

shake a bottle 병을 흔들다

0985 **find** [faind]
찾아내다, 발견하다

find

find the book 책을 찾다

He is _____ a new coat.
그는 새 외투를 입고 있다.

She _____ for Seoul this morning.
그녀는 오늘 아침 서울을 향해 출발했다.

I _____ my books in my school bag.
나는 책들을 책가방에 갖고 다닌다.

_____ the door, please.
문을 닫아 주세요.

Apples _____ to the ground.
사과는 땅으로 떨어진다.

We could not _____ them at tennis.
우리는 테니스로 그들을 이길 수 없었다.

He _____ the game.
그는 시합에서 이겼다.

I _____ a letter from my friend.
나는 내 친구에게서 편지를 받았다.

If you _____ the tree, the fruit will fall.
네가 나무를 흔들면, 과일이 떨어질 것이다.

I _____ the coin under the table.
나는 그 동전을 탁자 밑에서 찾았다.

0986 **improve** [imprúːv]
1. 개선하다 2. 나아지다

improve
improve one's English 영어를 향상시키다

0987 **wait** [weit]
기다리다

wait
wait for the bus 버스를 기다리다

0988 **smell** [smel]
1. 냄새가 나다 2. 냄새를 맡다

smell
smell sweet 달콤한 냄새가 나다

0989 **nod** [nɑd/nɔd]
(고개를) 끄덕이다

nod
nod at my friend 친구에게 고개를 끄덕이다

0990 **ski** [skiː]
스키를 타다

ski
ski in a hill 언덕에서 스키를 타다

0991 **skate** [skeit]
스케이트를 타다

skate
skate on a lake 호수에서 스케이트를 타다

0992 **swim** [swim]
헤엄치다, 수영하다

swim
swim in the sea 바다에서 헤엄치다

0993 **fight** [fait]
싸우다, 다투다

fight
fight the enemy 적과 싸우다

0994 **slide** [slaid]
미끄러지다, 얼음을 지치다

slide
slide on the ice 얼음 위에서 미끄러지다

0995 **dance** [dæns/dɑːns]
춤추다, 무용하다

dance
dance to the music 음악에 맞춰 춤추다

You must ＿＿＿＿＿ your reading.
너는 읽는 법을 개선해야 한다.

We'll ＿＿＿＿ until tomorrow.
우리는 내일까지 기다릴 것이다.

I ＿＿＿＿ smoke in the air.
공기 중에서 연기 냄새가 난다.

He ＿＿＿＿ his head.
그는 머리를 끄덕였다.

They go ＿＿＿＿ every winter.
그들은 매년 겨울에 스키를 타러 간다.

I like to ＿＿＿＿ on the ice.
나는 얼음 위에서 스케이트 타는 것을 좋아한다.

I can ＿＿＿＿ to the other side of the river.
나는 강 건너까지 헤엄칠 수 있다.

The two boys are ＿＿＿＿ with each other.
두 소년은 서로 싸운다.

He ＿＿＿＿ across the ice.
그는 얼음판 위를 지치며 건너갔다.

They ＿＿＿＿ at the party.
그들은 파티에서 춤을 추었다.

0996 **rush** [rʌʃ]
돌진하다, 달려들다

rush
rush into the room 방으로 뛰어 들어가다

0997 **sail** [seil]
항해하다, 출범하다

sail
sail the Pacific Ocean 태평양을 항해하다

0998 **prepare** [pripéər]
준비하다; (식사 등을) 만들다

prepare
prepare for a trip 여행 준비를 하다

0999 **climb** [klaim]
오르다, 기어오르다

climb
climb a mountain 산을 오르다

1000 **ride** [raid]
(탈 것을) 타다

ride
ride on a train 기차를 타다

1001 **bake** [beik]
(오븐으로) 굽다

bake
bake cakes 케이크를 굽다

1002 **kill** [kil]
죽이다

kill
kill an animal 동물을 죽이다

1003 **shut** [ʃʌt]
닫다; (책 등을) 덮다 ⊕ open

shut
shut the door 문을 닫다

1004 **cover** [kʌ́vər]
덮다, 씌우다

cover
cover a table with a tablecloth
탁자를 탁자보로 덮다

1005 **add** [æd]
더하다, 보태다

add
add some water 물을 약간 더하다

He _____ at me.
그는 나에게 달려들었다.

They _____ across the Atlantic Ocean.
그들은 배를 타고 대서양을 건넜다.

Mother is _____ breakfast in the kitchen.
어머니가 부엌에서 아침밥을 짓고 계신다.

He has _____ the Alps.
그는 알프스 산에 오른 적이 있다.

Can you _____ a bicycle?
너는 자전거를 탈 줄 아니?

He is _____ bread in the oven.
그는 오븐에 빵을 굽고 있다.

The cat _____ a rat.
그 고양이가 쥐 한 마리를 죽였다.

He _____ his mouth.
그는 입을 다물었다.

The mountain was _____ with snow.
그 산은 눈으로 덮였다.

If you _____ 2 to 8, you get 10.
8에 2를 더하면 10이 된다.

| 1006 | **burn** [bəːrn]
타다; 태우다 | _burn_
burn paper 종이를 태우다 |

| 1007 | **print** [print]
인쇄하다 | _print_
print a book 책을 인쇄하다 |

| 1008 | **recycle** [rìːsáikl]
~을 재생 이용하다, 재순환시키다 | _recycle_
recycle waste 쓰레기를 재생하다 |

| 1009 | **practice** [prǽktis]
1. 연습하다 2. 행하다, 실행하다 | _practice_
practice the violin 바이올린을 연습하다 |

| 1010 | **paint** [peint]
1. (페인트로) 칠하다 2. 그리다 | _paint_
paint a wall 벽을 칠하다 |

| 1011 | **chase** [tʃeis]
뒤쫓다, 추격하다 | _chase_
chase a dog 개를 뒤쫓다 |

| 1012 | **protect** [prətékt]
지키다, 보호하다 | _protect_
protect a child 아이를 보호하다 |

| 1013 | **follow** [fálou/fɔ́lou]
~을 뒤따라가다, ~에 따르다 | _follow_
follow the man 그 남자를 따라가다 |

| 1014 | **breathe** [briːð]
호흡하다 | _breathe_
breathe deeply 심호흡하다 |

| 1015 | **save** [seiv]
1. 구하다, 구조하다
2. 저축하다; 절약하다 | _save_
save her life 그녀의 목숨을 구하다 |

The coal is _____.
석탄이 타고 있다.

This book is clearly _____.
이 책은 선명하게 인쇄되어 있다.

_____ cans and paper.
캔과 종이를 재활용합시다.

I _____ the piano every day.
나는 매일 피아노를 연습한다.

Do not _____ the gate red.
대문을 빨간색으로 칠하지 마라.

The dog _____ the cat out of the garden.
개는 고양이를 정원에서 쫓아 버렸다.

She wore sunglasses to _____ her eyes from the sun.
그녀는 빛으로부터 눈을 보호하기 위해 선글라스를 썼다.

_____ me if you want to go to the post office.
우체국에 가고 싶으면 나를 따라와라.

We can _____ fresh air in the country.
시골에서는 신선한 공기를 호흡할 수 있다.

They _____ the boy from drowning.
그들은 그 소년이 익사하는 것을 구조했다.

| 1016 | **respect** [rispékt] 존경하다; 존중하다 | respect | **respect** my parents 부모님을 존경하다 |

1016 **respect** [rispékt]
존경하다; 존중하다

respect

respect my parents 부모님을 존경하다

1017 **cheer** [tʃíər]
응원하다, 기운을 돋우다

cheer

cheer my team 우리 팀을 응원하다

1018 **hurt** [həːrt]
1. 다치게 하다, 아프게 하다
2. 아프다

hurt

hurt her feelings 그녀의 기분을 상하게 하다

1019 **tie** [tai]
묶다; 매다 ⊕ untie

tie

tie one's shoes 구두끈을 매다

1020 **trust** [trʌst]
신뢰하다, 믿다

trust

trust her story 그녀의 말을 믿다

1021 **borrow** [bárou/bɔ́ːrou]
빌리다 ⊕ lend

borrow

borrow money 돈을 빌리다

1022 **push** [puʃ]
밀다, 밀고 나아가다 ⊕ pull

push

push at the back 뒤에서 밀다

1023 **pull** [pul]
잡아당기다, 끌다

pull

pull a dog's tail 개의 꼬리를 잡아당기다

1024 **ring** [riŋ]
(벨이) 울리다, (벨을) 울리다

ring

ring a bell 벨을 울리다

1025 **hang** [hæŋ]
1. 걸다, 매달다 2. 걸려 있다

hang

hang a picture 그림을 걸다

Our teacher is _____ by every pupil.

우리 선생님은 모든 학생의 존경을 받는다.

I _____ for our team.

나는 우리 팀을 응원했다.

His arm was _____ by the fall.

그는 넘어져서 팔을 다쳤다.

I _____ my dog to the tree.

나는 개를 나무에 묶었다.

I can't _____ him.

나는 그를 신뢰할 수 없다.

May I _____ your book?

당신 책을 빌릴 수 있습니까?

He _____ me suddenly.

그는 갑자기 나를 밀었다.

He _____ my hair.

그는 나의 머리를 잡아당겼다.

I heard the bell _____.

나는 벨이 울리는 것을 들었다.

_____ my coat on the hanger.

옷걸이에 제 코트 좀 걸어 주세요.

1026	**shoot** [ʃuːt] 쏘다, 사격하다	s̶h̶o̶o̶t̶ **shoot** a gun 총을 쏘다
1027	**destroy** [distrɔ́i] 부수다, 파괴하다	d̶e̶s̶t̶o̶r̶y̶ **destroy** a building 건물을 부수다
1028	**discover** [diskʌ́vər] 발견하다, 알게 되다	d̶i̶s̶c̶o̶v̶e̶r̶ **discover** an island 섬을 발견하다
1029	**spend** [spend] 소비하다, 쓰다 ⊕ save	s̶p̶e̶n̶d̶ **spend** some money 약간의 돈을 쓰다
1030	**mix** [miks] 섞이다, 혼합하다	m̶i̶x̶ **mix** wine with water 포도주를 물과 섞다
1031	**pick** [pik] 1. 따다, 꺾다 2. 고르다, 뽑다	p̶i̶c̶k̶ **pick** flowers 꽃을 꺾다
1032	**produce** [prəd(j)úːs] 생산하다, 제조하다	p̶r̶o̶d̶u̶c̶e̶ **produce** cars 자동차를 만들다
1033	**belong** [bilɔ́ːŋ] 속하다, ~의 소유이다	b̶e̶l̶o̶n̶g̶ **belong** to this club 이 클럽에 속하다
1034	**complain** [kəmpléin] 불평하다, 투덜거리다; 호소하다	c̶o̶m̶p̶l̶a̶i̶n̶ **complain** about bad food 형편없는 음식에 대해 불평하다
1035	**relax** [rilǽks] 1. 늦추다, 완화하다 2. 쉬다, (긴장을) 풀다	r̶e̶l̶a̶x̶e̶ **relax** at home 집에서 쉬다

The hunter _____ at the hare with his gun.
사냥꾼은 총으로 산토끼를 쏘았다.

Many houses were _____ by the earthquake.
지진으로 많은 집이 파괴되었다.

Columbus _____ America.
콜럼버스는 아메리카를 발견했다.

Do not _____ all your money.
네 돈을 모두 쓰지 마라.

Oil and water don't _____.
기름과 물은 섞이지 않는다.

They _____ all the apples.
그들은 모든 사과를 땄다.

Much wool is _____ in Australia.
많은 양털이 호주에서 생산된다.

That dictionary _____ to me.
그 사전은 나의 것이다.

He is always _____.
그는 언제나 불평을 한다.

Please _____.
편안히 쉬십시오.

| 1036 | **bow** [bau] | bow |
| | 절하다, 머리를 숙이다 | **bow** to my teacher 선생님께 머리를 숙이다 |

| 1037 | **bark** [bɑːrk] | bark |
| | (개 등이) 짖다 | **bark** at a man 남자를 향해 짖다 |

| 1038 | **crash** [kræʃ] | crash |
| | 산산이 부서지다; 충돌하다 | **crash** into a tree 나무에 부딪쳐 쓰러지다 |

| 1039 | **count** [kaunt] | count |
| | 세다, 계산하다 | **count** to ten 10까지 세다 |

| 1040 | **appear** [əpíər] | appear |
| | 나타나다; (텔레비전 등에) 나오다 | **appear** on TV 텔레비전에 나오다 |

| 1041 | **hide** [haid] | hide |
| | 1. 감추다; 숨기다 2. 숨다 | **hide** behind a house 집 뒤에 숨다 |

| 1042 | **communicate** [kəmjúːnəkèit] | communicate |
| | 연락하다, 통신하다 | **communicate** with each other 서로 연락을 취하다 |

| 1043 | **disappear** [dìsəpíər] | disappear |
| | 사라지다, 보이지 않게 되다 | **disappear** from view 시야에서 사라지다 |

| 1044 | **flow** [flou] | flow |
| | (강 · 눈물 등이) 흐르다 | **flow** into the sea 바다로 흐르다 |

| 1045 | **try** [trai] | try |
| | ~하려고 하다, 시도하다 | **try** again 다시 시도하다 |

They _____ to the king.

그들은 왕에게 절을 했다.

The dog _____ at the thief.

개는 도둑에게 짖어댔다.

A car _____ into another.

자동차가 다른 차와 충돌했다.

This little girl can _____ from one to fifty.

이 어린 소녀는 1에서 50까지 셀 수 있다.

A rainbow _____ before us.

무지개가 우리들 앞에 나타났다.

He _____ his diary under the desk.

그는 그의 일기장을 책상 밑에 숨겼다.

We _____ by mail.

우리는 편지로 연락했다.

The sun _____ behind the clouds.

태양이 구름 뒤로 사라졌다.

Water _____ from the spring.

물이 그 샘에서 흐른다.

He _____ to help me.

그는 나를 도우려고 했다.

1046 **jump** [dʒʌmp] 뛰다, 뛰어오르다	jump **jump** down 뛰어내리다
1047 **hurry** [hʌ́ri] 서두르다, 황급히 가다	hurry **hurry** home 집에 서둘러 가다
1048 **blow** [blou] (바람이) 불다	blow **blow** hard 세게 불다
1049 **sigh** [sai] 한숨 쉬다, 탄식하다	sigh **sigh** sadly 슬프게 한숨 쉬다
1050 **taste** [teist] 맛이 나다, 맛을 보다	taste **taste** sour 맛이 시다
1051 **seem** [siːm] ~인 것 같다, ~처럼 보이다	seem **seem** young 젊어 보이다
1052 **die** [dai] 죽다 ⑫ live	die **die** young 젊어서 죽다
1053 **succeed** [səksíːd] 성공하다 ⑫ fail	succeed **succeed** in business 사업에 성공하다
1054 **marry** [mǽri] 결혼하다	marry **marry** a beautiful lady 아름다운 여성과 결혼하다
1055 **shine** [ʃain] 비치다, 빛나다	shine **shine** at night 밤에 빛나다

The dog ＿＿＿＿＿＿ over the fence.
그 개는 담을 뛰어넘었다.

＿＿＿＿＿＿ up, or you will be late.
서둘러라, 그렇지 않으면 늦을 것이다.

Suddenly the wind ＿＿＿＿.
갑자기 바람이 불었다.

He ＿＿＿＿＿＿ with relief.
그는 안도의 한숨을 쉬었다.

It ＿＿＿＿＿ sweet.
그것은 달콤한 맛이 난다.

He ＿＿＿＿＿ very happy.
그는 매우 행복한 것 같다.

He ＿＿＿＿ ten years ago.
그는 십 년 전에 죽었다.

He ＿＿＿＿＿＿＿ in the business.
그는 그 사업에 성공했다.

They got ＿＿＿＿＿＿ last April.
그들은 지난 4월에 결혼했다.

The sun is ＿＿＿＿＿ bright.
해가 밝게 빛나고 있다.

227

| 1056 | **join** [dʒɔin] | join |
| | 1. 연결하다 2. 참가하다 | **join** the basketball team 농구팀에 가입하다 |

| 1057 | **share** [ʃɛəːr] | share |
| | 분배하다, 나눠 갖다; 공유하다 | **share** one's joy 기쁨을 나누다 |

| 1058 | **copy** [kápi/kɔ́pi] | copy |
| | 베끼다, 복사하다 | **copy** the picture 그림을 복사하다 |

| 1059 | **repeat** [ripíːt] | repeat |
| | 되풀이하다, 반복하다 | **repeat** news 뉴스를 반복하다 |

| 1060 | **fail** [feil] | fail |
| | 실패하다 | **fail** an exam 시험에 실패하다 |

| 1061 | **change** [tʃeindʒ] | change |
| | 바꾸다; 변하다 | **change** the rules 규칙을 바꾸다 |

| 1062 | **measure** [méʒər] | measure |
| | 재다, 측정하다 | **measure** the size 사이즈를 재다 |

| 1063 | **miss** [mis] | miss |
| | 놓치다 | **miss** the chance 기회를 놓치다 |

| 1064 | **exchange** [ikstʃéindʒ] | exchange |
| | 교환하다, 바꾸다 | **exchange** presents 선물을 교환하다 |

| 1065 | **enter** [éntər] | enter |
| | 들어가다; 입학하다 | **enter** the room 방으로 들어가다 |

빈 칸에 알맞은 단어를 넣어 문장을 완성해 보세요.

He _____ the two points with a straight line.
그는 두 점을 직선으로 연결했다.

Tom _____ the candy with his brother.
탐은 동생과 그 사탕을 나누어 가졌다.

He _____ the book from beginning to end.
그는 그 책을 처음부터 끝까지 베꼈다.

Don't _____ such an error.
그런 잘못을 되풀이하지 마라.

He _____ the entrance examination.
그는 입학시험에 떨어졌다.

He _____ his mind.
그는 마음을 바꾸었다.

He _____ the height of Mt. Everest.
그는 에베레스트 산의 높이를 쟀다.

I arrived too late and _____ the train.
나는 너무 늦게 도착해서 기차를 놓쳤다.

Won't you _____ this record for that one?
이 레코드를 저것과 바꿔주시지 않겠어요?

We _____ the house through the front door.
우리는 정문을 통해 그 집에 들어갔다.

1066	**report** [ripɔ́ːrt] 보고하다, 알리다	report **report** news 뉴스를 보도하다
1067	**cost** [kɔ(ː)st] (비용이) 들다	cost **cost** much money 많은 돈이 들다
1068	**notice** [nóutis] 알아차리다, 눈치 채다, 주의하다	notice **notice** a mistake 잘못을 알아차리다
1069	**control** [kəntróul] 지배하다, 통제하다	cotrol **control** a country 나라를 다스리다
1070	**spell** [spel] (낱말을) 철자하다, ~의 철자를 쓰다	spell **spell** one's name 이름의 철자를 쓰다
1071	**support** [səpɔ́ːrt] 1. 지탱하다, 받치다 2. 지지하다, 지원하다	support **support** her ideas 그녀의 생각을 지지하다
1072	**express** [iksprés] (말로) 나타내다, (감정을) 표현하다	express **express** clearly 분명하게 표현하다
1073	**waste** [weist] 낭비하다, 소비하다	waste **waste** time 시간을 낭비하다
1074	**record** [rikɔ́ːrd] 기록하다; 녹음[녹화]하다	record **record** a song on tape 노래를 테이프에 녹음하다
1075	**send** [send] 보내다 ● receive	send **send** him a card 그에게 카드를 보내다

The soldier _____ the accident.
병사는 그 사고를 보고했다.

How much does it _____?
그것은 비용이 얼마나 듭니까?

I _____ a man sitting by me.
나는 내 옆에 앉아 있는 사람을 알아차렸다.

I could not _____ my tears.
나는 눈물을 억제할 수가 없었다.

How do you _____ the word?
그 낱말은 철자가 어떻게 돼요?

Father _____ Tom's plan.
아버지는 탐의 계획을 지지한다.

We _____ our feelings with words.
우리는 감정을 말로 나타낸다.

You had better not _____ your money on foolish things.
어리석은 일에 돈을 낭비하지 않는 것이 좋다.

He _____ the movie.
그는 그 영화를 녹화했다.

I will _____ her some money.
나는 그녀에게 약간의 돈을 보낼 것이다.

1076 **offer** [ɔ́(ː)fər] 제공하다, 내놓다, 권하다	offer **offer** her a job 그녀에게 일을 제공하다
1077 **order** [ɔ́ːrdər] 1. 명령하다 2. 주문하다	odrer **order** him to go out 그에게 나가라고 명령하다
1078 **promise** [prámis/prɔ́mis] 약속하다	promise **promise** to go 가겠다고 약속하다
1079 **set** [set] 1. 놓다, 두다 2. (해·달 등이) 지다	set **set** a glass on the table 탁자 위에 유리잔을 놓다
1080 **lay** [lei] 놓다; 눕히다	lay **lay** a baby on the bed 아이를 침대에 눕히다
1081 **fix** [fíks] 1. 고착시키다, 고정하다 2. 정하다, 결정하다	fix **fix** a clock to the wall 벽에 시계를 걸다
1082 **bite** [bait] 물다, 물어뜯다	bite **bite** the tongue 혀를 깨물다
1083 **lead** [liːd] 안내하다, 이끌다	lead **lead** her into the room 그녀를 방으로 안내하다
1084 **guide** [gaid] 인도하다, 안내하다	guide **guide** into the right path 옳은 길로 인도하다
1085 **surprise** [sərpráiz] 놀라게 하다	surprise be **surprised** at the news 그 소식을 듣고 놀라다

He _____ his father a glass of beer.

그는 아버지께 맥주 한 잔을 권했다.

He _____ me to leave the room.

그는 나에게 방을 나가라고 명령했다.

He _____ to come without fail.

그는 꼭 오겠다고 약속했다.

I _____ a vase on the table.

나는 탁자 위에 꽃병을 놓았다.

He _____ a pencil on the book.

그는 연필을 책 위에 놓았다.

The mirror is _____ to the wall.

거울이 벽에 고정되어 있다.

A dog _____ him on the leg.

개가 그의 다리를 물었다.

She _____ me upstairs.

그녀는 나를 위층으로 안내했다.

His dog will _____ you to his house.

그의 개는 당신을 그의 집으로 안내할 것이다.

Tom is going to _____ Jim.

탐은 짐을 놀래 주려 하고 있다.

233

1086 **born** [bɔːrn]
(be born으로) 태어나다

born

be **born** in Seoul 서울에서 태어나다

1087 **mean** [miːn]
~을 뜻하다, ~을 의미하다

mean

mean nothing 아무 뜻도 없다

A baby was _____ yesterday.

아기가 어제 태어났다.

What do you _____ by this word?

이 말은 무슨 뜻입니까?

동사

필수단어

1088 **accept** [əksépt]
1. 받아들이다 2. 인정하다

accept

accept gratefully 감사히 받아들이다

1089 **admire** [ədmáiər]
칭찬하다, 감탄하다

admire

admire the beautiful scenery of Korea
한국의 경치에 감탄하다

1090 **advise** [ədváiz]
충고하다, 조언하다
⊕ give advice to

advise

advise you to study hard
공부 열심히 하라고 조언하다

1091 **allow** [əláu]
허락하다

allow

allow an hour for rest
휴식 시간 1시간을 주다

1092 **amuse** [əmjúːz]
즐겁게 하다, 재미나게 하다

amuse

amuse oneself with a ball
공을 가지고 혼자 장난하다

1093 **approach** [əpróutʃ]
~에 가까이 가다, ~에 가깝다

approach

approach the moon 달에 접근하다

1094 **attack** [ətǽk]
공격하다 ⊕ defend

attack

be **attacked** on every side
사방에서 공격을 받다

1095 **awake** [əwéik]
눈을 뜨다, 깨어나다

awake

awake from sleep 잠에서 깨어나다

1096 **beg** [beg]
1. 빌다 2. 부탁하다

beg

beg forgiveness 용서를 빌다

1097 **bend** [bend]
구부리다, 휘다

bend

bend forward 몸을 앞으로 구부리다

I _____ his invitation.

나는 그의 초대를 받아들였다.

He _____ the girl for her courage.

그는 그 소녀의 용기를 칭찬했다.

I _____ him not to go.

나는 그에게 가지 말라고 충고했다.

I _____ her to go.

나는 그녀를 가게 했다.

The children are _____ by the new toys.

아이들은 새 장난감에 즐거워하고 있다.

My birthday is _____.

내 생일이 다가온다.

The dog _____ the cat.

개가 고양이에게 덤벼들었다.

At last she _____ to her danger.

그녀는 마침내 자기의 위험을 깨달았다.

The beggar _____ for food from door to door.

그 거지는 집집마다 음식을 구걸하고 다녔다.

She _____ to kiss the child on the cheek.

그녀는 아이의 뺨에 키스하려고 몸을 구부렸다.

| 1098 | **bleed** [bliːd] |
| | 출혈하다, 피가 나다 |

bleed

bleed at the nose 코피가 나다

| 1099 | **boil** [bɔil] |
| | 1. 끓다, 끓어오르다   2. 끓이다, 삶다 |

boil

water **boils** hard 물이 팔팔 끓다

| 1100 | **bury** [béri] |
| | 파묻다, 매장하다 |

bury

bury a body 시체를 묻다

| 1101 | **carve** [kɑːrv] |
| | ~에 조각하다, 새겨 넣다 |

carve

carve a figure out of stone
돌을 조각하여 상을 만들다

| 1102 | **catch** [kætʃ] |
| | 1. 붙들다, 잡다 2. (차 시간에) 대다 |

catch

catch a criminal 범인을 잡다

1103	**celebrate** [séləbrèit]
	1. 축하하다
	2. (의식 등을) 올리다, 거행하다

celebrate

celebrate New Year 신년을 축하하다

1104	**choose** [tʃuːz]
	1. 뽑다, 고르다
	2. 결정하다(~ to do)

choose

choose a reference book 참고서를 고르다

| 1105 | **deliver** [dilívər] |
| | 배달하다 |

deliver

deliver a package 소포를 배달하다

1106	**depend** [dipénd]
	1. ~에 의하다, ~에 달려 있다
	2. ~에게 의지하다

depend

depend on the situation 상황에 달려 있다

| 1107 | **dig** [dig] |
| | 1. 파다, 파내다   2. 조사하다 |

dig

dig a hole 구멍을 파다

The gums _____.
잇몸에서 피가 난다.

The water is _____.
물이 끓고 있다.

The path was _____ under the snow.
도로가 눈에 묻혀 버렸다.

They _____ their names on the wall.
그들은 자기들의 이름을 벽에 새겼다.

He _____ the ball.
그는 그 공을 잡았다.

We _____ her birthday.
우리는 그녀의 생일을 축하했다.

_____ the best one in the basket.
바구니 안에서 제일 좋은 것을 고르시오.

The letter was _____ to the wrong address.
그 편지는 엉뚱한 주소로 배달되었다.

It _____ on the weather.
그것은 날씨 여하에 달려 있다.

He is _____ the garden.
그는 텃밭을 일구고 있다.

239

1108	**disappoint** [dìsəpɔ́int] 실망시키다	disappoint
		disappoint one's parents 부모를 실망시키다

1109	**discuss** [diskʌ́s] 논하다, 논의[토의]하다	discuss
		discuss the matter 그 문제에 대해서 토의하다

1110	**earn** [əːrn] (돈을) 벌다, 일해서 얻다	earn
		earn dollars 달러를 벌다

1111	**encourage** [inkə́ːridʒ] ~에게 용기를 주다, 격려하다	encourage
		encourage savings 저축을 장려하다

1112	**feed** [fiːd] 먹이를 주다; 양육하다, 기르다	feed
		feed a family 가족을 부양하다

1113	**freeze** [friːz] (물이) 얼다, 얼리다	freeze
		freeze to death 얼어 죽다

1114	**frighten** [fráitn] 놀라게 하다, 무섭게 하다 ❀ surprise	frighten
		frighten a cat away 고양이를 놀라게 하여 쫓다

1115	**frown** [fraun] 눈살을 찌푸리다	frown
		frown with displeasure 불만으로 얼굴을 찡그리다

1116	**fry** [frai] 기름에 튀기다, 프라이하다	fry
		fry fish in oil 생선을 기름에 튀기다

1117	**gather** [gǽðər] 1. 모으다 2. 수확하다	gather
		gather coal 석탄을 모으다

I was _____ to hear that.
나는 그것을 듣고 실망했다.

They _____ the best way of going to Europe.
그들은 유럽에 가는 가장 좋은 방법에 대해 논의했다.

We _____ five thousand won a day.
우리는 하루에 5,000원 번다.

He _____ me to learn English.
그는 내게 영어를 배우도록 용기를 주었다.

He is _____ the chickens.
그는 닭에게 모이를 주고 있다.

The river _____ hard last night.
간밤에 강물이 꽁꽁 얼었다.

I _____ her in the dark.
나는 어둠 속에서 그녀를 놀라게 했다.

He _____ at me.
그는 나에게 눈살을 찌푸렸다.

This _____ salmon is excellent.
이 튀긴 연어는 일품이군요.

She is _____ flowers.
그녀는 꽃을 따서 모으고 있다.

동사

최종단어

1118 **graduate** [grǽʤuèit]
졸업하다(~from)

graduate

graduate first on the list 수석으로 졸업하다

1119 **greet** [griːt]
인사하다, 환영하다

greet

greet a person with a handshake
악수로 사람을 맞이하다

1120 **hike** [haik]
1. 하이킹하다 2. 밀려 올라가다(up)

hike

hike around the village 마을 주변을 하이킹하다

1121 **hunt** [hʌnt]
사냥하다

hunt

hunt at night 밤에 사냥하다

1122 **impress** [imprés]
인상을 주다, 감동시키다

impress

impress deeply 깊은 인상을 주다

1123 **include** [inklúːd]
포함하다, 넣다

include

all charges **included** 모든 요금을 포함하여

1124 **injure** [índʒər]
상처를 입히다; 해치다

injure

injure a friend's feelings
친구의 감정을 상하게 하다

1125 **insist** [insíst]
주장하다, 고집하다, 강조하다
(~on, that)

insist

insist on one's rights 권리를 주장하다

1126 **lean** [liːn]
1. 기대다, 의지하다(~on)
2. 기울다

lean

lean against a wall 벽에 기대다

1127 **obey** [oubéi/əbéi]
(명령 등에) 따르다; 복종하다

obey

obey the laws of nature 자연의 법칙을 따르다

He _____ from Harvard.

그는 하버드 대학을 졸업했다.

They _____ me with a smile.

그들은 미소로서 나를 환영했다.

I see you're good at _____.

산을 잘 타시네요.

They _____ foxes.

그들은 여우를 사냥했다.

The story _____ me very much.

그 이야기는 나에게 무척 감동을 주었다.

The class _____ several foreign students.

그 학급은 몇몇의 외국인 학생을 포함한다.

His hand was badly _____.

그의 손은 심한 상처를 입었다.

Mom always _____ that we keep our rooms tidy.

어머니는 항상 우리에게 방을 깨끗하게 유지할 것을 강조하신다.

We _____ on our parents when we are children.

우리는 어릴 때 부모님께 의지한다.

We must _____ the law.

우리는 법을 따라야 한다.

동사

최종단어

1128 **pay** [pei] 1. (돈을) 지불하다 2. (주의를) 기울이다	pay **pay** in full 전액을 지불하다
1129 **pat** [pæt] 가볍게 두드리다, 쓰다듬다	pat **pat** a dog 개를 쓰다듬다
1130 **perform** [pərfɔ́ːrm] 1. 행하다, 하다 2. 상연[연주]하다 ㊌ play	perform **perform** a ceremony 의식을 거행하다
1131 **polish** [páliʃ/pɔ́liʃ] 닦다, 윤내다	polish **polish** furniture 가구를 닦다
1132 **pollute** [pəlúːt] 더럽히다, 오염시키다	pollute **pollute** young people 젊은이들을 타락시키다
1133 **pop** [pɑp/pɔp] 뻥하고 터지다[튀다]	pop **pop** the cork 코르크 마개를 뻥하고 뽑다
1134 **pour** [pɔːr] 따르다, 붓다	pour **pour** water into a bucket 양동이에 물을 붓다
1135 **pretend** [priténd] ~하는 체하다	pretend **pretend** to know 아는 체하다
1136 **provide** [prəváid] 1. 주다, 공급하다(~with) 2. ~에 대비하다(~for)	provide **provide** a topic for discussion 토론의 주제를 제공하다
1137 **publish** [pʌ́bliʃ] 1. 발표하다 2. 출판하다	publish **publish** his marriage 그의 결혼을 발표하다

I _____ two dollars for the cake.

나는 2달러를 주고 그 케이크를 샀다.

I _____ the kitten.

나는 새끼 고양이를 쓰다듬었다.

He has _____ all his duties.

그는 그의 의무를 다했다.

_____ your shoes before going out.

외출 전에 구두를 닦으렴.

They can _____ the environment.

그것들은 환경을 오염시킬 수 있다.

The balloon _____.

풍선이 팡 터졌다.

When you _____ the hot tea, be careful!

뜨거운 차를 부을 때는 조심하렴!

She _____ not to know me.

그녀는 나를 모르는 체했다.

Bees _____ honey.

꿀벌들은 우리에게 꿀을 준다.

He _____ the news.

그는 그 뉴스를 발표했다.

동사

최종단어

1138 punish [pʌ́niʃ]
벌주다, 징계하다

punish

be **punished** for stealing 도둑질하여 벌을 받다

1139 refuse [rifjúːz]
거절하다, 거부하다 ⑪ accept

refuse

refuse a bribe 뇌물을 거절하다

1140 raise [reiz]
1. 올리다 2. 기르다, 재배하다

raise

raise water from a well 우물에서 물을 길어 올리다

1141 recognize [rékəgnàiz]
1. ~을 알아보다 2. 인정하다

recognize

recognize an old friend 옛 친구를 알아보다

1142 repair [ripéər]
수선하다, 손질하다

repair

repair a motor 모터를 수리하다

1143 reply [riplái]
대답하다 ⑨ answer ⑪ ask

reply

reply to her question 그녀의 질문에 대답하다

1144 retire [ritáiəːr]
물러가다; 은퇴하다, 퇴직하다

retire

retire before the enemy 적 앞에서 퇴각하다

1145 roll [roul]
1. 굴리다, 구르다 2. 말다, 감다

roll

roll the snow into a ball 눈을 굴려 공처럼 만들다

1146 rub [rʌb]
비비다, 스치다

rub

rub one's eyes 눈을 비비다

1147 satisfy [sǽtisfai]
만족시키다

satisfy

satisfy completely 완전히 만족시키다

He was _____ for being late.
그는 지각해서 벌을 받았다.

I _____ her gift.
나는 그녀의 선물을 거절했다.

_____ your right hand when you understand.
알면 오른손을 드세요.

I _____ him immediately.
나는 즉시 그를 알아보았다.

They are _____ the roof now.
그들은 지금 지붕을 고치고 있다.

She _____ to my letter.
그녀는 내 편지에 답장을 주었다.

He _____ to the country.
그는 시골로 은둔하였다.

The children _____ the snowball down the hill.
아이들은 언덕 아래로 눈덩이를 굴렸다.

He _____ his hands.
그는 두 손을 문질렀다.

The meal _____ him.
그는 그 식사에 만족했다.

1148 scare [skɛər]
놀라게 하다, 겁나게 하다

scare
scare birds away 새를 쫓아버리다

1149 scold [skould]
꾸짖다

scold
scold at each other 서로 욕지거리하다

1150 search [sə:rtʃ]
찾다, 수색하다

search
search a house 가택 수색하다

1151 serve [sə:rv]
1. ~을 섬기다 2. ~에 도움이 되다
3. (음식물을) 차리다

serve
serve at the table 식사 시중을 들다

1152 sink [siŋk]
1. 가라앉다 2. (해·달이) 지다

sink
sink under water 물에 잠기다

1153 solve [salv/sɔlv]
풀다, 해결하다

solve
solve a mystery 미스테리를 해결하다

1154 steal [sti:l]
1. 훔치다
2. 살그머니 가다[들어오다]

steal
steal all the money 돈을 몽땅 훔쳐 가다

1155 stretch [stretʃ]
퍼지다, 뻗치다

stretch
stretch the wings 날개를 펴다

1156 strike [straik]
1. 치다 2. 부딪치다
3. 파업하다

strike
strike on the head 머리를 때리다

1157 suffer [sʌfər]
1. 고통을 받다
2. 손해를 입다, 병들다

suffer
suffer from a bad cold 심한 감기로 고생하다

You _____ me.
너는 나를 놀라게 했다.

He _____ me for being late.
그는 내가 지각한 것을 꾸짖었다.

He _____ the woods for the missing dog.
그는 잃어버린 개를 찾아 숲 속을 뒤졌다.

He _____ his master for many years.
그는 오랫동안 주인을 섬겼다.

If you throw a stone into a pond, it will _____.
돌을 못에 던지면 가라앉는다.

Nobody was able to _____ the problem.
누구도 그 문제를 풀 수 없었다.

Someone _____ my money.
누군가가 내 돈을 훔쳐갔다.

The player _____ out his arms to catch the ball.
그 선수는 공을 잡으려고 팔을 뻗쳤다.

Tom _____ the ball with the bat.
톰은 배트로 공을 쳤다.

I often _____ from a bad stomachache.
나는 가끔 심한 복통으로 고통을 받는다.

1158 **swallow**
[swálou / swɔ́lou]
(음식물 등을) 삼키다

swallow
swallow whole 통째로 삼키다

1159 **unite** [juːnáit]
결합시키다, 하나로 하다

unite
unite into one 합쳐서 하나가 되다

1160 **whisper** [hwíspəːr]
속삭이다

whisper
whisper to each other 서로 속삭이다

1161 **wrap** [ræp]
싸다, 두르다

wrap
wrap the baby in a towel 아기를 타월로 감싸다

He _____ his food quickly.
그는 재빠르게 음식을 삼켰다.

He _____ the two pipes.
그는 두 개의 파이프를 연결했다.

She is _____ the secret to her friend.
그녀는 그녀 친구에게 비밀을 속삭이고 있다.

She _____ the box carefully.
그녀는 상자를 조심스럽게 쌌다.

Part 4

예비 중학생이
꼭 알아야 할
기타 품사 179

1162 **there** [ðɛəːr]
거기에, 그곳에 ⑩ here

there

near **there** 거기 근처에

1163 **here** [híər]
여기에, 여기에서

here

come **here** 여기에 오다

1164 **well** [wel]
잘, 능숙하게

well

speak **well** of others 다른 사람에 대해 좋게 말하다

1165 **again** [əgén/əgéin]
다시, 또, 다시 한 번

again

watch **again** 다시 보다

1166 **now** [nau]
지금, 이제

now

just **now** 바로 지금

1167 **back** [bæk]
1. 뒤에, 뒤로 2. 되돌아서

back

come **back** to Korea 한국으로 돌아오다

1168 **far** [fɑːr]
멀리, 멀리에 ⑩ near

far

not **far** from here 여기서 멀지 않다

1169 **very** [véri]
1. 매우, 아주
2. 〈부정문〉 그다지 (~은 아니다)

very

very kind 대단히 친절한

1170 **too** [tuː]
1. (~도) 또한, 역시 2. 너무

too

too big for me 나에게 너무 큰

1171 **really** [ríːəli]
참으로, 정말로

really

really beautiful 참으로 아름다운

I'll be _____ soon.

곧 그곳으로 가겠습니다.

_____ is a picture of our school.

여기에 우리 학교 사진이 있다.

He speaks English very _____.

그는 영어를 아주 잘한다.

In-ho knocked on the door _____.

인호는 다시 문을 두드렸다.

What are you doing _____?

지금 무엇을 하고 있니?

He will come _____ soon.

그는 곧 돌아올 것이다.

The airplane is flying _____ away.

비행기가 멀리서 날고 있다.

It's _____ hot today.

오늘은 아주 덥다.

He went there. I went there, _____.

그는 거기에 갔다. 나도 또한 거기에 갔다.

I _____ want to buy this book.

나는 정말로 이 책을 사고 싶다.

1172 **quite** [kwait]

아주, 꽤

quite

quite dark 아주 어두운

1173 **rather** [rǽðə:r]

1. 오히려 ~이다 2. 다소, 좀

rather

rather warm 좀 따뜻한

1174 **ago** [əgóu]

~전에, 이전에

ago

fifty years **ago** 50년 전

1175 **off** [ɔːf/ɑf]

1. 떨어져, 떼어져
2. (전기·수도 등이) 끊어져

off

three miles **off** 3마일 떨어져서

1176 **later** [léitər]

뒤에, 후일에

later

a few minutes **later** 몇 분 후에

1177 **up** [ʌp]

위로 ● down

up

up in the sky 하늘 위로

1178 **down** [daun]

아래로, 아래쪽으로
~아래쪽으로, ~을 내려가서

down

put a bag **down** 가방을 내려놓다

1179 **soon** [suːn]

곧, 머지않아

soon

finish the homework **soon** 일찍 숙제를 끝내다

1180 **easily** [íːzili]

쉽게, 수월하게

easily

find the place **easily** 쉽게 장소를 찾다

1181 **always** [ɔ́ːlweiz]

항상, 늘, 언제나

always

always late 언제나 늦는

He was _____ young.

그는 꽤 젊었다.

I am a writer _____ than a teacher.

나는 선생님이라기보다는 작가이다.

Ten days _____, he was sick.

열흘 전에 그는 아팠다.

He took _____ his hat.

그는 그의 모자를 벗었다.

The accident took place a few minutes _____.

그 사고는 몇 분 후에 일어났다.

We went ____ the hill.

우리는 언덕 위로 올라갔다.

Sit _____, please.

앉으세요.

He will be back home _____ .

그는 곧 집에 돌아올 것이다.

I could do the test _____.

나는 그 시험을 쉽게 치를 수 있었다.

_____ wash your hands before you eat.

식사하기 전에 항상 손을 씻어라.

1182	**usually** [júːʒuəli]	usually
	보통, 흔히	**usually** get up at six 보통 6시에 일어나다

1183	**often** [ɔ́ːfən/ɑ́fən]	often
	자주	**often** come to see me 자주 나를 만나러 오다

1184	**sometimes** [sʌ́mtàimz]	sometimes
	때때로	**sometimes** play the violin 때때로 바이올린을 켜다

1185	**never** [névər]	never
	1. 결코 ~하지 않다 2. 한 번도 ~한 적이 없다	**never** tell a lie 결코 거짓말을 하지 않다

1186	**once** [wʌns]	once
	1. 한 번 2. 옛날에	**once** a week 일주일에 한 번

1187	**twice** [twais]	twice
	1. 두 번 2. 두 배로	**twice** a day 하루에 두 번

1188	**still** [stil]	still
	아직도, 여전히	be **still** waiting for him 아직도 그를 기다리고 있다

1189	**also** [ɔ́ːlsou]	also
	~도, 역시	**also** like movies 영화도 좋아하다

1190	**together** [təgéðər]	together
	함께, 같이	go to school **together** 함께 학교에 가다

1191	**even** [íːvən]	even
	~조차, ~마저	cool **even** in August 8월인데도 시원하다

He _____ eats bread for breakfast.
그는 아침 식사로 보통 빵을 먹는다.

He _____ visits us.
그는 우리를 자주 방문한다.

She _____ goes with us.
그녀는 때때로 우리와 같이 간다.

I'll _____ give it up.
나는 그것을 결코 포기하지 않겠다.

_____ there was a king.
옛 날에 한 왕이 있었다.

I've been there _____.
나는 그곳에 두 번 갔었다.

He is _____ asleep.
그는 아직도 자고 있다.

You must read this book _____ .
너는 이 책도 읽어야 한다.

We went shopping _____.
우리는 함께 물건을 사러 갔다.

_____ a child can do it.
어린아이조차도 그것을 할 수 있다.

259

1192	**quickly** [kwíkli] 빨리, 급히 ❶ slowly
	quickly get well **quickly** 빨리 좋아지다
1193	**slowly** [slóuli] 천천히, 느릿느릿
	slowly eat **slowly** 천천히 먹다
1194	**suddenly** [sʌ́dnli] 갑자기, 돌연
	suddenly stop **suddenly** 갑자기 멈추다
1195	**carefully** [kéərfəli] 주의 깊게, 조심스럽게
	carefully listen **carefully** 주의 깊게 듣다
1196	**quietly** [kwáiətli] 조용히, 침착하게
	quietly close the door **quietly** 문을 조용히 닫다
1197	**loudly** [láudli] 큰소리로
	loudly talk **loudly** 큰소리로 말하다
1198	**clearly** [klíərli] 뚜렷하게; 명확히; 똑똑히
	clearly remember **clearly** 똑똑히 기억하다
1199	**sadly** [sǽdli] 슬프게, 슬픈 듯이
	sadly talk **sadly** 슬프게 말하다
1200	**happily** [hǽpili] 행복하게, 다행히도
	happily live **happily** 행복하게 살다
1201	**safely** [séifli] 안전하게, 무사히
	safely drive **safely** 안전하게 운전하다

The trees grow _____.
그 나무들은 빨리 자란다.

They walked _____.
그들은 천천히 걸었다.

_____ she screamed.
갑자기 그녀는 소리쳤다.

Look at the picture _____.
그 사진을 주의 깊게 보아라.

Please chew your gum _____.
껌 좀 조용히 씹으세요.

Could you speak more _____?
좀 더 큰소리로 말해 주시겠어요?

Could you speak more _____?
좀 더 똑똑히 말해 주시겠어요?

She looked at me _____.
그녀는 슬픈 듯이 나를 보았다.

Our family lives very _____ together.
우리 가족은 함께 행복하게 산다.

They arrived there _____.
그들은 무사히 거기에 닿았다.

1202 finally [fáinəli]
최후에, 마침내

finally

get a job **finally** 마침내 직장을 구하다

1203 badly [bǽdli]
심하게, 몹시 ⊕ well

badly

the stomach hurts **badly** 배가 몹시 아프다

1204 hard [hɑːrd]
1. 열심히 2. 심하게, 몹시

hard

try **hard** 힘껏 해보다

1205 forward [fɔ́ːrwərd]
앞으로, 전방으로 ⊕ backward

forward

a step **forward** 한 걸음 앞으로

1206 out [aut]
1. 밖에, 밖으로 ⊕ in
2. 나타나서, 드러나서

out

go **out** 밖으로 나가다

1207 inside [ìnsáid]
내부에[로], 안쪽에[으로]

inside

come **inside** 안으로 들어오다

1208 outside [àutsáid]
바깥에 ⊕ inside

outside

play **outside** 밖에서 놀다

1209 alone [əlóun]
혼자서

alone

live **alone** 혼자서 살다

1210 abroad [əbrɔ́ːd]
외국에[으로] ⊕ home

abroad

travel **abroad** 해외여행을 하다

1211 downstairs
[dàunstéərz]
아래층으로[에] ⊕ upstairs

downstairs

go **downstairs** 아래층으로 가다

_____, the game was over.

드디어 경기가 끝났다.

My feet hurt _____.

나는 발을 심하게 다쳤다.

He is working _____.

그는 열심히 일하고 있다.

She looked _____.

그녀는 앞을 바라보았다.

Father is _____ now.

아버지는 지금 외출하고 안 계시다.

Don't wear the muddy shoes _____.

안에서는 흙투성이 신발을 신지 말아라.

It's quite dark _____.

바깥은 꽤 어둡다.

He came _____.

그는 혼자서 왔다.

I shall go _____ next month.

나는 내달에 외국에 간다.

She is coming _____.

그녀는 아래층으로 오고 있다.

1212	**upstairs** [ʌpstéərz] 위층으로, 위층에	*upstairs* run **upstairs** 위층으로 뛰어가다
1213	**ahead** [əhéd] 앞으로, 전방에	*ahead* move **ahead** 앞으로 이동하다
1214	**forever** [fərévər] 영원히, 영구히	*forever* love you **forever** 영원히 너를 사랑한다
1215	**just** [dʒʌst] 1. 꼭, 정확히, 정각 2. 바로 지금	*just* **just** half past six 정각 6시 반
1216	**almost** [ɔ́ːlmoust] 거의, 대부분	*almost* be **almost** ready 거의 준비가 되다
1217	**nearly** [níərli] 거의, 약	*nearly* **nearly** one hundred girls 약 100명의 소녀들
1218	**away** [əwéi] 1. 떨어져서, 멀리 2. 부재하여, 집에 없어	*away* a ship far **away** 멀리 떨어진 배
1219	**else** [els] 그밖에, 그 외에	*else* ask someone **else** 누군가 다른 사람에게 묻다
1220	**especially** [ispéʃəli] 특히, 유달리	*especially* a cake **especially** decorated 특별 장식을 한 케이크
1221	**everywhere** [évri(h)wèər] 어디든지 다, 도처에	*everywhere* **everywhere** in the world 세계 어느 곳에서나

Let's go _____.
위층에 올라갑시다.

Walk straight _____.
앞으로 곧장 가시오.

I will love my parents _____.
우리 부모님을 영원히 사랑할 것이다.

It is _____ six o'clock.
정각 6시이다.

It's _____ time for the train to leave.
기차가 거의 출발할 시간이다.

It is _____ six o'clock now.
이제 거의 여섯 시가 다 되었다.

My parents are _____ now.
나의 부모님은 지금 멀리 계신다.

What _____ do you want to eat?
그 외에 또 무엇을 드시겠습니까?

It is _____ cold this morning.
오늘 아침은 특히 춥다.

It can be seen _____ in the world.
그것은 세계 어느 곳에서나 볼 수 있다.

1222	**o'clock** [əklák/əklɔk] ~시 ⟨on the clock의 줄임말⟩	o'clock the seven **o'clock** train 7시발 기차
1223	**please** [pli:z] (정중한 요구나 간청을 나타내어) 제발, 부디	please **Please** listen. 자 들으세요.
1224	**less** [les] ~보다 적게	less become **less** interesting 흥미가 적어지다
1225	**instead** [instéd] 그 대신에	instead **instead** of my mother 어머니 대신에
1226	**tonight** [tənáit] 오늘밤은	tonight **tonight**'s TV programs 오늘밤의 TV 프로그램
1227	**sometime** [sʌ́mtàim] 언젠가, 어느 때	sometime **sometime** ago 얼마 전에
1228	**anyway** [éniwèi] 아무튼	anyway thanks **anyway** 어쨌든 고마워
1229	**maybe** [méibi] 아마, 어쩌면	maybe **maybe** more 아마 그 이상
1230	**perhaps** [pərhǽps] 아마, 어쩌면	perhaps **perhaps** it will rain 아마 비가 올 거다
1231	**probably** [prάbəbli] 아마도, 다분히	probably **probably** right 아마도 옳은

It is just ten _____.

정각 10시입니다.

Stand up, _____.

좀 일어서 주십시오.

She is _____ beautiful than her sister.

그녀는 동생보다 예쁘지 않다.

He ate an apple _____ of an orange.

그는 오렌지 대신 사과를 먹었다.

There are many stars out _____.

오늘밤에는 별들이 많이 나와 있다.

I would like to go there _____.

나는 언젠가 거기에 가 보고 싶다.

_____, I have to go now. See you.

아무튼 지금 가야만 해. 나중에 보자.

_____ you will succeed next time.

아마 다음번에는 성공할 것이다.

_____ he will join us.

아마 그는 우리들과 함께 어울릴 것이다.

It will _____ rain.

아마 비가 올 것이다.

1232	**certainly** [sə́ːrtnli] 반드시, 틀림없이, 확실히	certainly almost **certainly** 거의 **확실히**
1233	**not** [nɑt/nɔt] ~이 아니다	not **not** a few 적지 **않은**
1234	**so** [sou] 1. 그렇게, 그처럼 2. 매우	so **so** sorry 매우 미안하다
1235	**yet** [jet] 아직	yet not **yet** published 아직 발행되지 않은
1236	**hardly** [há:rdli] 거의 ~않다	hardly **hardly** any 거의 ~없는
1237	**already** [ɔːlrédi] 이미, 벌써	already **already** dark 이미 어두워진
1238	**ever** [évər] 전에, 이제까지	ever be as beautiful as **ever** 전과 다름없이 아름답다
1239	**anywhere** [éni(h)wèər] 어딘가에, 어디든지, 아무데도	anywhere **anywhere** else 다른 어느 곳에도
1240	**yes** [jes] 네, 예 ⊕ no	yes say **"Yes"** "네" 라고 말하다
1241	**no** [nou] 아니오	no **No**, thanks. 아니오, 괜찮습니다.

He will _____ pass the examination.

그는 틀림없이 시험에 합격할 것이다.

That is _____ a good idea.

그것은 좋은 생각이 아니다.

Don't walk ____ fast.

그렇게 빨리 걷지 마시오.

He has not arrived _____.

그는 아직 도착하지 않았다.

I can _____ believe it.

나는 그것을 거의 믿을 수 없다.

The giant was _____ fast asleep.

그 거인은 이미 깊은 잠에 빠져 있었다.

Have you _____ seen a tiger?

전에 호랑이를 본 적이 있니?

Did you go _____ yesterday?

어제 어딘가 갔었습니까?

Do you like apples? — _____, I do.

사과를 좋아합니까? — 네, 그렇습니다.

Is it still raining? — _____, it has stopped.

아직도 비가 옵니까? — 아니오, 그쳤습니다.

1242	**O.K. / okay** [òukéi] 좋아, 됐어	O.K./okey feel **okay** 기분이 좋다
1243	**however** [hauévər] 그렇지만, 아무리 ~라 해도	however **however** cold it may be 아무리 추운 날이라도
1244	**neither** [níːðər] (neither ~ nor …) 어느 쪽도 ~아니다	neither **neither** read nor write 읽지도 쓰지도 못하다
1245	**aloud** [əláud] 소리 내어	aloud read **aloud** 소리 내어 읽다
1246	**completely** [kəmplíːtli] 완전히, 철저히	completely **completely** forget 완전히 잊다
1247	**immediately** [imíːdiətli] 곧 ⊜ at once, 즉석에서	immediately answer **immediately** 즉석에서 대답하다
1248	**indeed** [indíːd] 1. 실로, 참으로 2. 과연	indeed a very big parcel **indeed** 정말로 매우 큰 소포
1249	**recently** [ríːsəntli] 요사이, 최근에	recently until quite **recently** 바로 요전까지
1250	**sincerely** [sinsíərli] 충심으로, 진정으로	sincerely **sincerely** hope 간절히 바라다
1251	**somewhere** [sám(h)wèər] 어딘지, 어딘가에	somewhere **somewhere** around here 이 근처 어디에

_____. I'll talk to you later. Bye.

알았어. 나중에 얘기하자. 안녕.

His mind, _____, did not change.

그렇지만 그의 마음은 변하지 않았다.

I know _____ his father nor his mother.

나는 그의 아버지도 어머니도 모른다.

The child was reading the book _____.

그 아이는 책을 소리 내어 읽고 있었다.

None are _____ happy.

완전하게 행복한 사람은 없다.

I answered his letter _____.

나는 그의 편지에 곧바로 답장했다.

I am very happy _____.

나는 정말 행복하다.

I have not seen him _____.

나는 요즘 그를 만나지 않았다.

I _____ thank you for your kindness.

당신의 친절에 진정으로 감사드립니다.

She lives _____ around here.

그녀는 이 근방 어딘가에 산다.

271

1252 **surely** [ʃúərli]

틀림없이, 꼭 ⊕ certainly

surely

surely hear the sounds 소리를 틀림없이 듣다

She will _____ arrive in time.

그녀는 틀림없이 제시간에 도착할 것이다.

1253 **on** [ɑn/ɔːn]
~위에, 〈때를 나타냄〉 ~에

on

a vase **on** the table 테이블 위에 화병

1254 **under** [ʌ́ndər]
~아래에, ~밑에

under

a bench **under** the tree 나무 아래의 벤치

1255 **in** [in]
1. 안에, ~에 〈장소〉
2. ~에, ~이 지나면 〈시간〉

in

a bird **in** a cage 새장 안의 새

1256 **between** [bitwíːn]
〈보통 둘 사이〉 ~의 사이에

between

a secret **between** you and me
너와 나 사이의 비밀

1257 **among** [əmʌ́ŋ]
~중에, 사이에

among

a house **among** the trees 나무들 사이의 집

1258 **over** [óuvər]
1. ~위에, ~을 넘는
2. ~위로, ~너머

over

a bridge **over** the river 강 위에 다리

1259 **beyond** [bijánd]
~의 저쪽에, ~너머에

beyond

a lake **beyond** the mountain 산 너머 호수

1260 **for** [fər]
1. ~을 위하여 2. ~을 향하여
3. ~동안에

for

start **for** London 런던을 향해 출발하다

1261 **about** [əbáut]
~에 대하여, ~에 관하여

about

a book **about** wild animals 야생 동물에 관한 책

1262 **of** [ɔv]
1. ~의 2. ~중에서

of

a student **of** this school 이 학교의 학생

Put the cup _____ the table.
컵을 탁자 위에 놓아라.

The box is _____ the table.
상자는 탁자 밑에 있다.

A bird is singing _____ the cage.
새장 안에서 새가 울고 있다.

Tom is sitting _____ Mary and Su-mi.
탐은 메리와 수미 사이에 앉아 있다.

Mary is the most beautiful girl _____ us.
우리들 중에서 메리가 제일 예쁘다.

There are five bridges _____ the river.
그 강 위로 다리가 다섯 개 있다.

Don't go _____ the mountain.
그 산 너머는 가지 마라.

The knife is _____ cutting bread.
그 칼은 빵을 자르기 위한 것이다.

Cinderella is a story _____ a pretty girl.
신데렐라는 예쁜 소녀에 대한 이야기이다.

What is the name _____ that river?
저 강의 이름은 무엇입니까?

전치사

필수단어

1263 **above** [əbʌ́v] ~의 위에 ⑪ below	above fly **above** the clouds 구름 위를 날다
1264 **below** [bilóu] ~의 아래에, ~의 아래쪽에	below fall **below** zero 0도 이하로 떨어지다
1265 **at** [æt] 1. ~에서 〈장소〉 2. ~에 〈시간〉	at arrive **at** the airport 공항에 도착하다
1266 **by** [bai] 1. ~에 의해서, ~로 2. ~의 곁에, 옆에	by sit **by** me 내 옆에 앉다
1267 **around** [əráund] ~의 주위에, ~을 에워싸고	around sit **around** the fire 불 주위에 둘러앉다
1268 **across** [əkrɔ́ːs/əkrás] ~을 가로질러, ~을 건너서	across run **across** the street 거리를 가로질러 달리다
1269 **along** [əlɔ́ːŋ/əlɔ́ŋ] ~을 따라서, ~을 끼고	along walk **along** the street 길을 따라 걷다
1270 **with** [wið/wiθ] 1. ~와 함께 2. ~을 가지고, ~로	with go **with** my friends 친구들과 함께 가다
1271 **from** [frəm] ~로부터, ~에서, (from ~ to …) ~에서 …까지	from start **from** here 여기에서 출발하다
1272 **to** [tuː] ~에게, ~로, (from ~ to …) ~에서 …까지	to go **to** the grocery store 식료품 가게에 가다

Birds are flying _____ the trees.
새들이 나무 위를 날고 있다.

Hang this picture _____ the other.
이 그림을 다른 그림 아래 걸어라.

I arrived _____ the station.
나는 정거장에 도착했다.

My sister goes to school _____ train.
누나는 기차로 통학한다.

We sat _____ the table.
우리는 탁자 주위에 앉았다.

The boy ran _____ the room.
소년은 방을 가로질러 뛰었다.

There are trees _____ this road.
이 길을 따라 나무들이 있다.

I have lunch _____ my friends.
나는 친구들과 함께 점심을 먹는다.

This present is _____ my mother.
이 선물은 엄마에게서 온 것이다.

I gave the book _____ my father.
나는 그 책을 나의 아버지께 드렸다.

전치사

필수단어

1273 after [ǽftər/áːftər]
(시간·순서가) ~의 뒤에, ~의 다음에

after
after I ate dinner 저녁을 먹은 후에

1274 before [bifɔ́ːr]
(시간·순서가) ~전에, ~에 앞서

before
before it gets dark 어두워지기 전에

1275 during [d(j)úəriŋ]
~하는 동안에, ~중에

during
during the summer vacation 여름방학 중에

1276 since [sins]
~이래

since
since last Monday 지난 월요일 이래

1277 until [əntíl]
~까지

until
until noon 정오까지

1278 through [θru]
~을 통해서, ~을 지나서

through
run **through** the field 들판을 가로질러 달리다

1279 against [əgéinst]
~을 거슬러; ~에 부딪혀;
~에 반대하여

against
be **against** the plan 계획에 반대하다

1280 without [wiðáut]
~없이, ~하지 않고

without
drink coffee **without** cream
크림 없이 커피를 마시다

1281 into [íntuː]
1. ~의 안으로, ~의 안에 〈방향〉
2. ~으로 〈변화〉

into
jump **into** the pool 풀 속으로 뛰어들다

1282 behind [biháind]
~의 뒤에

behind
hide **behind** the tree 나무 뒤에 숨다

Tuesday comes _____ Monday.
화요일은 월요일 다음에 온다.

He walked _____ me.
그는 내 앞에서 걸어갔다.

Do your homework _____ the holidays.
휴가 동안에 숙제를 해라.

We have been busy _____ last Sunday.
우리는 지난 일요일 이래로 계속 바빴다.

I'll stay here _____ noon.
나는 정오까지 여기에 있겠다.

Water flows _____ this pipe.
물은 이 관을 통해 흐른다.

The ship was sailing _____ the wind.
그 배는 바람에 거슬러 항해하고 있었다.

We can't live _____ water.
우리는 물 없이 살 수 없다.

A gentleman went _____ the hotel.
한 신사가 그 호텔 안으로 들어갔다.

She is hiding _____ the door.
그녀는 문 뒤에 숨어 있다.

전치사

필수단어

279

1283	**beside** [bisáid] ～의 옆에, 곁에	*beside* **beside** the building 건물 옆에
1284	**toward** [təwɔ́ːrd] ～쪽으로, ～을 향하여	*toward* run **toward** the sea 바다를 향해 달리다
1285	**till** [til] ～까지	*till* **till** late at night 밤늦게까지
1286	**within** [wiðín] (시간ㆍ거리 등이) ～의 안에, ～이내에	*within* finish **within** a week 일주일 안에 끝내다
1287	**except** [iksépt] ～을 제외하고는, ～이외는	*except* everyone **except** one 한 사람만 제외하고 모두
1288	**upon** [əpán] ～의 위에 ⓤ on	*upon* **upon** the head 머리 위에

Tom sat down _____ me.
탐은 내 옆에 앉았다.

She was walking _____ me.
그녀는 나를 향해 걸어오고 있었다.

He'll be busy _____ then.
그는 그때까지 바쁠 것이다.

He will be back _____ a week.
그는 일주일 안에 돌아올 것이다.

We go to school every day _____ Sunday.
우리는 일요일 빼고 매일 학교에 간다.

A cat is lying _____ the roof.
고양이가 지붕 위에 누워 있다.

전치사

필수단어

1289	**this** [ðis] 이것	this **this** camera of mine 나의 이 카메라
1290	**that** [ðət] 저것	that **that** boy 저 소년
1291	**these** [ði:z] 이것들	these **these** apples 이 사과들
1292	**those** [ðouz] 저것들, 그것들	those **those** oranges 저 오렌지들
1293	**each** [i:tʃ] 각자, 각각	each **each** of the students 학생들 각자
1294	**one** [wʌn] 1. 〈one of ~로〉 ~중의 하나[한 사람] 2. 하나	one **one** of my friends 내 친구 중의 하나
1295	**both** [bouθ] 양쪽, 쌍방	both **both** of the brothers 그 형제 둘 다
1296	**another** [ənʌ́ðər] 또 하나, 또 한 사람	another distinguish one from **another** 어떤 것을 다른 것과 구별하다
1297	**everything** [évriθìŋ] 모든 것, 전부	everything **everything** famous in Seoul 서울의 유명한 모든 것
1298	**something** [sʌ́mθiŋ] 무언가, 어떤 것	something **something** to drink 무언가 마실 것

_____ is your book.

이것은 너의 책이다.

This is a table and _____ is a desk.

이것은 테이블이고 저것은 책상이다.

_____ are presents for the old.

이것들은 노인들을 위한 선물이다.

_____ are old books.

저것들은 오래된 책들이다.

He gave two pencils to _____ of them.

그는 그들 각자에게 연필 두 자루씩을 주었다.

He is _____ of my friends.

그는 내 친구 중의 하나이다.

_____ of them are dead.

그들은 둘 다 죽었다.

Give me _____.

하나 더 주세요.

_____ is ready.

모든 것이 준비되어 있다.

Give me _____ to eat.

무언가 먹을 것을 주십시오.

1299	**anything** [éniθìŋ] 1. 〈긍정문〉 무엇이든지 2. 〈부정문〉 아무것도	anything **anything** else 뭐 다른 것
1300	**nothing** [nʌ́θiŋ] 아무것도, 하나도	nothing a box with **nothing** in it 아무것도 안 든 상자
1301	**everyone** [évriwʌ̀n] 모든 사람, 모두	everyone **everyone** in the room 방 안에 있는 모든 사람
1302	**someone** [sʌ́mwʌ̀n] 누군가, 어떤 것	someone ask **someone** 누군가에게 묻다
1303	**anyone** [éniwʌ̀n] 누군가, 누구든지	anyone sing better than **anyone** else 누구보다도 노래를 잘 부르다
1304	**everybody** [évribàdi] 모두, 누구나 다	everybody **everybody** else 다른 모든 사람
1305	**somebody** [sʌ́mbàdi] 누군가, 어떤 사람	somebody **somebody** else's hat 누군가 다른 사람의 모자
1306	**anybody** [énibàdi] 1. 〈부정문·의문문〉 누군가, 아무도 2. 〈긍정문〉 누구든지	anybody **anybody** else's clothes 남의 옷
1307	**nobody** [nóubàdi] 아무도 ~않다	nobody **nobody** in the classroom 교실안에 아무도
1308	**none** [nʌn] 아무도 ~아니다, 조금도 ~아니다	none **none** of them 그들 중 아무도 ~않다

Did you learn _____ new at school?
학교에서 뭔가 새로운 것을 배웠니?

There's _____ in this box.
이 상자 안에는 아무것도 없다.

_____ in the room laughed.
방에 있던 모든 사람이 웃었다.

_____ is knocking on the door.
누군가 문을 두드리고 있다.

Is _____ absent?
누구 결석한 사람 있습니까?

_____ was in the class.
모두 교실에 있었다.

_____ called me in the dark.
누군가 어둠 속에서 나를 불렀다.

Tom didn't see _____.
탐은 아무도 보지 못했다.

_____ knows him.
아무도 그를 알지 못한다.

_____ of the cakes was left.
케이크가 하나도 남지 않았다.

1309 **oneself** [wʌnsélf]
1. 〈강조용법〉 자신이, 스스로
2. 〈재귀용법〉 자기 자신을[에게]

oneself

talk to **oneself** 혼잣말을 하다

To do right _____ is the great thing.

스스로 올바로 처신하는 게 중요하다.

1310 **when** [*h*wen]
언제

when do you ...? 언제 ~하니?

1311 **what** [*h*wɑt]
무엇, 어떤 것

what do you ...? 무엇을 ~하니?

1312 **how** [hau]
1. 어떻게 2. 얼마만큼 3. 어느 정도

how do you like ...? ~이 어떻습니까?

1313 **why** [wai]
왜

why don't you like ...? 왜 ~하지 않니?/~하지 그래?

1314 **who** [huː]
누구

who is ...? 누가 ~인가?

1315 **where** [wɛəːr]
어디에

where is ...? ~은 어디 있나?

1316 **which** [witʃ]
어느 것, 어느 쪽, 어느 사람

which do you like better? 어느 것을 더 좋아하니?

1317 **whose** [huːz]
누구의 것

whose cellphone 누구의 휴대전화

1318 **whom** [huːm]
누구를

for whom 누구를 위해

_____ do you go to school?

언제 학교에 가니?

_____ do you want?

너는 무엇을 원하니?

_____ do you spell the word?

그 낱말은 철자를 어떻게 씁니까?

_____ didn't he come?

그는 왜 오지 않았습니까?

_____ wrote this book?

누가 이 책을 썼습니까?

_____ were you yesterday?

어제 어디에 계셨습니까?

_____ do you like better, apples or oranges?

사과와 오렌지 중에서 어느 쪽을 더 좋아하십니까?

_____ dictionary is this?

이 사전은 누구의 것입니까?

_____ did you visit yesterday?

당신은 어제 누구를 방문했습니까?

1319 **will** [wil]
1. ~일 것이다 2. 〈Will you ~?〉
해 주시겠습니까?

will

~will you ...? ~하겠습니까?

1320 **can** [kæn]
1. ~할 수 있다 2. ~해도 좋다

can

can you ...? ~할 수 있니?

1321 **may** [mei]
1. ~해도 좋다 2. ~일지도 모르다

may

may I ...? ~해도 될까요?

1322 **must** [məst]
1. ~해야 한다 2. ~임이 분명하다

must

it **must** be ... 그것은 ~임이 분명하다

1323 **could** [kud]
1. 〈can의 과거〉 ~할 수 있었다
2. 〈정중한 부탁〉 ~해 주시겠습니까?

could

could you ...? ~해 주시겠어요?

1324 **should** [ʃud]
〈shall의 과거〉
1. ~일 것이다 2. ~해야 한다

should

should know better 눈치가 있어야 한다

1325 **would** [wud]
〈will의 과거형〉
1. ~할 것이다 2. ~하고 싶다

would

would like to ... ~하고 싶습니다

1326 **might** [mait]
〈may의 과거〉
1. ~했을지도 모르다 2. ~해도 좋다

might

it **might** be ... 그것은 ~일지도 모른다

1327 **shall** [ʃæl]
1. ~가 될 것이다 2. ~할까요?

shall

shall we ...? 우리 ~할까요?

He _____ come back next week.
그는 다음 주에 돌아올 것이다.

Tom _____ do his homework.
탐은 그의 숙제를 할 수 있다.

You _____ go home.
너는 집에 가도 된다.

You _____ study hard.
너는 열심히 공부해야 한다.

I _____ not stay any longer.
나는 더 이상 머무를 수 없었다.

I thought that I _____ win the prize.
나는 상을 탈 것이라고 생각했다.

He said that he _____ come today.
그는 오늘 올 거라고 했다.

I told him that he _____ go.
나는 그에게 가도 좋다고 말했다.

I _____ be fifteen years old next year.
나는 내년에 15살이 될 것이다.

조동사

필수단어

1328	**and** [ænd] ~와; 그리고	and pencils **and** a knife 연필과 칼
1329	**but** [bʌt] 그러나, 그렇지만	but a cheap **but** good camera 싸지만 좋은 카메라
1330	**or** [ɔːr] 1. 또는, 혹은 2. 그렇지 않으면	or summer **or** winter 여름 또는 겨울
1331	**either** [íːðər/áiðər] (either ~ or …) ~이든가 또는 …이든가	either **either** you or me 너나 나나 둘 중 하나
1332	**as** [æz] 1. ~와 같이, ~만큼 (as ~ as …) 2. ~대로	as **as** a friend 친구로서
1333	**than** [ðən] …보다(도)	than older **than** me 나보다 나이가 많다
1334	**whether** [wéðər] 1. ~인지 아닌지 2. ~이건 아니건	whether **whether** it rains or not 비가 오건 안 오건
1335	**while** [wail] ~하는 동안	while **while** he was staying 그가 머무르는 동안
1336	**nor** [nɔr] (neither ~ nor …) ~도 …도 아니다	nor neither snow **nor** rain 눈도 비도 오지 않다
1337	**because** [bikɔ́ːz] 왜냐하면, ~때문에	because **because** it rained hard 비가 몹시 왔기 때문에

There are desks _____ chairs in the classroom.
교실에 책상과 의자가 있다.

It was hot yesterday, _____ it is cool today.
어제는 더웠다. 그러나 오늘은 시원하다.

Would you like ice cream _____ juice?
아이스크림, 혹은 주스를 드시겠습니까?

Can you speak _____ English or French?
너는 영어나 프랑스어를 할 줄 아니?

He is ____ tall ____ me.
그는 나만큼 키가 크다.

He is six inches taller _____ me.
그는 나보다 키가 6인치 더 크다.

I don't know _____ it's true or not.
나는 그것이 사실인지 아닌지 모르겠다.

They arrived _____ we were having dinner.
우리가 저녁을 먹는 동안 그들이 도착했다.

It is neither too cold _____ too hot.
너무 춥지도 너무 덥지도 않다.

He was late _____ he missed the bus.
버스를 놓쳤기 때문에 그는 늦었다.

접속사

필수단어표

1338 **if** [if]
만일 ~라면

if
if I had wings 만약 나에게 날개가 있다면

1339 **though** [ðou]
비록 ~이지만

though
though he is young 비록 그는 젊지만

1340 **although** [ɔːlðóu]
비록 ~일지라도, ~이기는 하지만

although
although it was very hot 무척 더웠지만

_____ he is brave, he will do it.

만일 그가 용감하다면, 그는 그것을 할 것이다.

_____ he wasn't tired, he went to bed.

비록 피곤하지는 않았지만, 그는 자러 갔다.

_____ he is very poor, he is honest.

그는 매우 가난하지만 정직하다.